国家重点园区
创新监测报告
2016

中华人民共和国科学技术部　编

·北京·

图书在版编目（CIP）数据

国家重点园区创新监测报告. 2016 / 中华人民共和国科学技术部编. —北京：科学技术文献出版社，2016. 12
ISBN 978-7-5189-2271-0

Ⅰ.①国… Ⅱ.①中… Ⅲ.①经济开发区—技术革新—研究报告—中国—2016 Ⅳ.①F127.9

中国版本图书馆 CIP 数据核字（2017）第 003907 号

国家重点园区创新监测报告2016

策划编辑：李　蕊　责任编辑：丁芳宇　李　蕊　责任校对：赵　瑗　责任出版：张志平

出 版 者　科学技术文献出版社
地　　址　北京市复兴路15号　邮编 100038
编 务 部　(010) 58882938，58882087（传真）
发 行 部　(010) 58882868，58882874（传真）
邮 购 部　(010) 58882873
官方网址　www.stdp.com.cn
发 行 者　科学技术文献出版社发行　全国各地新华书店经销
印 刷 者　北京时尚印佳彩色印刷有限公司
版　　次　2016 年 12 月第 1 版　2016 年 12 月第 1 次印刷
开　　本　889 × 1194　1/16
字　　数　138千
印　　张　8.75
书　　号　ISBN 978-7-5189-2271-0
定　　价　68.00元

国家重点园区创新监测报告2016

编辑委员会

前言

全面实施创新驱动发展战略，已成为中国提高社会生产力和综合国力的战略支撑。科技工作在党和国家全局中的战略地位进一步提升，习近平总书记多次就科技创新发表重要讲话，对实施创新驱动发展战略作出明确指示。2014年，深入谋划和落实创新驱动发展战略进入关键之年，各项工作加快推进。根据《中共中央　国务院关于深化科技体制改革加快国家创新体系建设的意见》（中发〔2012〕6号）关于“建立全国创新调查制度，加强国家创新体系建设监测评估”的要求，科技部、国家统计局牵头，发展改革委、教育部、工业和信息化部、财政部、国资委、国家知识产权局、中科院、工程院、发展研究中心、国防科工局、中国科协、全国工商联等部门共同参加，组织建立国家创新调查制度。

国家创新调查制度是建立在科学、规范的统计调查基础上，对国家创新能力进行全面监测和评价的制度安排。高新区、农业科技园区、可持续发展实验区等园区是中国重要的创新密集区，对其创新活动进行监测与评价是国家创新调查制度的重要组成部分。本园区创新监测报告，以2014年及2015年各园区常规统计数据和创新监测数据为基础，通过分别构建创新监测指标体系，对园区创新活动进行监测，全面反映高新区、农业科技园区、可持续发展实验区等创新活动密集区的创新活动特征，深入分析创新基地服务创新及产学研协同创新的成效，为开展各园区创新评价提供重要的数据基础。

本报告由科技部创新发展司、高新技术发展及产业化司、社会发展科技司、农村科技司，以及科学技术部火炬高技术产业开发中心、中国21世纪议程管理中心、中国农村技术开发中心、中国科学技术发展战略研究院等单位共同撰写完成。

《国家重点园区创新监测报告2016》

编辑委员会

国家高新区

第一部分

创新能力监测报告

一、国家高新区的发展历程及建设成就

（一）国家高新区的发展历程

中国国家高新技术产业开发区的创建与发展，是党中央、国务院为开创改革新局面、迎接世界新技术革命挑战做出的重大战略部署。20世纪80年代，世界科技革命浪潮正在兴起，中国改革事业初启，大批立志技术强国、使中国紧跟世界高技术发展潮流的科研人员投身高新技术产业化洪流，在各地兴办了一批高新技术企业，其中在北京中关村地区形成了“中关村电子一条街”。1988年5月，以“中关村电子一条街”为基础，国务院批准成立了中国第一个国家级高新区——北京市新技术产业开发试验区；同年8月，批准实施发展中国高新技术产业的指导性计划——火炬计划，明确把创办高新区作为国家火炬计划中的重要组成部分。1991年3月，国务院12号文件颁布，批准建立26个国家高新区并制定全国使用的扶持政策；在邓小平同志南访谈话的指引下，1992年11月，国务院又批准建立25个国家高新区。自此以国家高新区为载体推进高新技术产业化的国家导向初步形成，国家高新区成为以智力密集和开放环境条件为依托，主要依靠国内的科技和经济实力，充分吸收和借鉴国外先进科技资源、资金和管理手段，通过实施高新技术产业的优惠政策和各项改革措施，实现软硬环境的局部优化，最大限度地把科技成果转化为现实生产力而建立起来的集中区域。

国家高新区历经了两个发展期，第一个时期是20世纪90年代，即“一次创业”，以“两免三减半”等政策和土地优惠为特征。第二个时期是21世纪前10年，即“二次创业”，以内涵增长为主要特征，旨在实现五个转变，即由主要依靠土地、资金等要素驱动向主要依靠技术创新驱动转变；由依靠优惠政策、招商引资向优化创新创业环境、培育内生发展动力转变；推动产业发展由大而全、小而全向集中优势发展特色产业、主导产业转变；由注重硬环境建设向注重优化配置科技资源和提供优质服务的软环境转变；由面向国内市场为主向引进来与走出去相结合，大力开拓国际市场转变。

2008年，科技部火炬中心启动对国家高新区的分类管理，北京中关村科技园区、上海张江高新区、武汉东湖高新区、深圳高新区、成都高新区和西安高新区等6家园区进入“一流园区”序列，代表中国角逐世界高新技术产业竞争；天津、广州、杭州等22家高新区正在创建“创新型科技园区”，以及正在建设中的包括大连高新区、石家庄高新区等在内的“创新型特色园区”，实现了科技部对国家高新区差异化、特色化的工作指导和管理原则。

2010年以来，由于国家高新区在金融危机造成全球经济下滑的情况下仍然保持强劲的发展势头，国务院再度加大对省级高新区升级为国家高新区的审批力度，先后有59家省级高新区经评定、审核，升级为国家高新区；截至2014年年底国家高新区的数量已达115家，遍布全国除西藏外的30个省、直辖市和自治区。

（二）国家高新区的建设成就

国家高新区自成立以来始终把激发创新创业活力、培育高新技术产业化主体和营造创新发展的环境作为核心任务，加强中央和地方的结合、政府和市场的结合、科技和经济的结合，已经成为我国依靠科技进步和技术创新支撑经济社会发展、走中国特色自主创新道路的一面旗帜，成为我国高新技术产业发展的最为主要的战略力量，成为引领科学发展、创新发展和可持续发展的战略先导。

在经济发展方面，截至2014年年底，115家国家高新区园区生产总值（GDP）达到69607.0亿元，占全国国内生产总值（636139亿元）比重达10.9%；国家高新区出口创汇4351.4亿美元占全国外贸出口（货物及服务出口25650亿美元）的比重为17.0%。国家高新区内纳入火炬统计的74275家企业共实现营业收入226754.5亿元、工业总产值169936.9亿元、净利润15052.5亿元、上缴税额13202.1亿元。

在科技创新方面，截至2014年年底，115家国家高新区内企业每万名从业人员中R&D人员和R&D人员全时当量分别为1059人和794.1人年，是全国每万名从业人员中R&D人员全时当量（49.2人年）的16.1倍；国家高新区企业R&D经费内部支出为3995.7亿元，占全国企业R&D经费支出的39.7%。企业当年申请专利数量为31.5万件，其中发明专利申请16.1万件，发明专利申请量占全国发明专利申请量（92.8万件）的17.3%；当年专利授权达到18.1万件，其中发明专利授权5.8万件，发明专利授权量占全国发明专利授权量（23.3万件）的24.9%；国家高新区企业共拥有有效专利71.2万件，其中拥有发明专利23.2万件。

二、国家高新区创新能力监测指标体系及设计说明

（一）作用意义

从国家宏观层面来看，创新能力监测的任务是基于政府统计调查和科学设计指标，发布客观反映国家、区域和企业等创新活动的数据。国家高新区作为典型创新密集区的代表，其创新能力监测的任务就是筛选和整理出一系列反映创新活动特质的数据指标，可以从数量的层面直观展现国家高新区在创新资源条件、创新要素投入、创新成果产出、创新活动绩效、开放合作创新、创新驱动发展等各个方面的成效。

从高新区微观层面来看，国家高新区创新能力监测指标为各国家高新区的发展进行指引。随着国家高新区创新能力监测的持续开展，许多国家高新区在创新能力监测指标的基础上，一方面能够更好地挖掘和分析其在国家高新区序列中的优势和劣势，发现机遇、迎接挑战、弥补问题，更加明确园区自身的发展方向和定位；另一方面，各国家高新区也可以参考国家高新区创新能力监测指标，结合自身特点，建立和形成适应各自园区特点的创新能力监测指标，对园区的创新发展进行动态监测。

（二）设计原则

为了科学客观地对中国国家高新区创新能力监测和评价提供数据支撑，监测指标的建立应遵循以下原则：

（1）面向社会公开，增强各界参与。生成监测指标的基础数据均来源于政府统计公开出版物，以便于社会各界进行核实和索引。

（2）强调规范可行，持续拓展完善。尽量利用现有的统计制度平台，相应增加评价所需评价数据并加入国家高新区综合统计报表，保障指标体系的准确性、连续性和拓展性。

（三）国家高新区创新能力监测指标体系

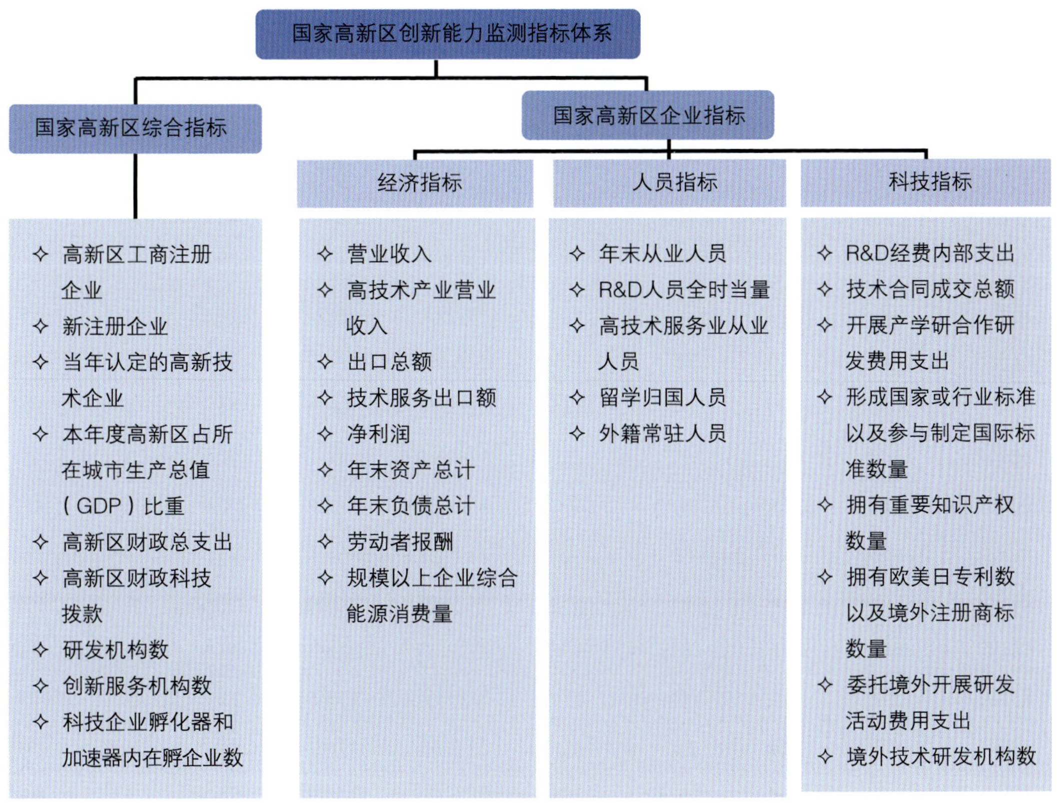

图1–1　国家高新区创新能力监测指标体系

三、国家高新区创新能力监测指标数据

（一）国家高新区综合指标

表1-1　国家高新区综合指标

国家高新区	高新区工商注册企业（家）	新注册企业（家）	当年认定的高新技术企业（家）	本年度高新区占所在城市生产总值（GDP）比重（%）	高新区财政总支出（万元）	高新区财政科技拨款（万元）	研发机构数（家）	创新服务机构数（家）	科技企业孵化器和加速器内在孵企业数（家）
北京中关村	176398	13000	3610	36	1245000	1245000	1088	240	5447
天津	8289	1342	81	12	567264	104734	225	38	1341
石家庄	5353	1351	59	7	126042	8544	75	13	589
保定	3970	861	1	13	56654	8486	42	6	307
唐山	2547	553	10	2	46550	6847	46	16	131
燕郊	4467	834	5	66	181376	9178	32	1	80
承德	1068	281	1	3	98093	400	14	2	51
太原	3250	703	71	16	136330	113476	38	3	265
包头	4989	902	19	14	466921	13410	32	4	254
呼和浩特	342	52	1	2	57685.8	0	8	0	0
沈阳	11869	2255	48	7	576673	40178	154	15	471
大连	3494	1277	12	4	514722	186427	43	3	332
鞍山	2320	208	6	25	217600	56100	117	4	309
营口	690	91	3	10	73136.7	14065	33	4	93
辽阳	276	44	1	17	92039	1759	23	5	13
本溪	959	155	10	8	237358	1763	24	12	30
阜新	1476	216	2	10	97377	2435	54	3	61
长春	4271	926	36	26	256711	27726	218	37	571
吉林	2831	467	1	13	125988	35336	22	1	181
延吉	410	10	0	68	11590	3006	1	0	80
长春净月	3131	888	1	12	787103	40000	58	6	294

续表

国家高新区	高新区工商注册企业（家）	新注册企业（家）	当年认定的高新技术企业（家）	本年度高新区占所在城市生产总值（GDP）比重（%）	高新区财政总支出（万元）	高新区财政科技拨款（万元）	研发机构数（家）	创新服务机构数（家）	科技企业孵化器和加速器内在孵企业数（家）
通化	446	84	0	22	27332	2025	15	8	82
哈尔滨	4272	591	27	11	282629	48908	122	8	533
大庆	3260	761	11	17	363627	7272	65	6	459
齐齐哈尔	240	6	1	7	9043	1000	34	5	25
上海张江	26684	5570	1042	13	420617	302328	518	95	2878
上海紫竹	702	161	10	1	134083	49864	157	7	78
南京	4061	617	41	20	752327	54312	430	9	547
常州	19046	4521	39	24	1659951	57667	175	38	407
无锡	18671	3007	49	15	1014349	89156	207	7	1171
苏州	18908	2965	95	19	726092	83902	325	22	834
泰州	5428	814	5	7	955098	6393	53	7	26
昆山	18272	3933	73	26	315700	27670	179	8	484
江阴	516	21	36	25	1152766	22332	31	4	258
武进	4821	895	22	6	208826	18956	108	5	387
徐州	776	112	7	5	155240	10500	115	3	142
南通	3424	333	20	12	288148	8925	195	8	19
杭州	18504	5413	62	9	596075	78062	560	39	540
宁波	8290	2360	18	6	491490	31240	49	48	353
绍兴	6489	955	9	4	22593	8000	9	2	139
温州	3743	691	9	8	310570	7987	35	1	93
衢州	1715	124	8	18	114254	8263	33	4	0
合肥	8106	2382	160	23	498500	53000	229	48	1355
蚌埠	1423	287	21	19	284708	32941	120	32	81
芜湖	750	325	11	13	157984	21049	52	6	150

续表

国家高新区	高新区工商注册企业（家）	新注册企业（家）	当年认定的高新技术企业（家）	本年度高新区占所在城市生产总值（GDP）比重（%）	高新区财政总支出（万元）	高新区财政科技拨款（万元）	研发机构数（家）	创新服务机构数（家）	科技企业孵化器和加速器内在孵企业数（家）
马鞍山	1917	139	21	12	106188	5522	36	10	144
福州	327	83	39	5	67300	6540	27	2	129
厦门	1698	403	90	15	212663	112354	149	19	569
泉州	2661	300	15	13	88501	10941	62	9	30
莆田	355	25	8	18	65338	26553	14	1	10
漳州	2165	412	25	19	38351	49	69	2	14
南昌	2528	678	29	11	227524	15531	83	10	254
景德镇	978	231	6	38	104937	5236	42	23	22
新余	1690	585	3	46	163493	3812	18	3	82
鹰潭	514	56	6	14	127335	5000	29	4	25
济南	11452	3232	107	20	657541	48107	204	21	581
青岛	2626	314	55	6	668911	35689	73	16	413
淄博	4092	1209	42	18	1113239	101305	76	10	535
潍坊	6419	1543	38	15	315500	74078	214	30	448
威海	5616	528	10	20	141121	35108	52	11	197
济宁	6736	1561	86	18	546712	354917	144	28	492
烟台	2659	489	15	3	111011	6426	42	7	308
临沂	2078	549	5	12	274012	6750	40	6	216
泰安	1674	377	11	6	184961	3151	78	2	122
郑州	25278	5055	65	8	795000	93800	722	14	761
洛阳	2180	450	16	15	88067	5737	100	8	385
南阳	1577	225	3	20	44194	2123	40	9	117
安阳	1038	166	3	10	84992	4993	36	1	260
新乡	1266	81	3	9	64112	4100	52	8	249

续表

国家高新区	高新区工商注册企业（家）	新注册企业（家）	当年认定的高新技术企业（家）	本年度高新区占所在城市生产总值（GDP）比重（%）	高新区财政总支出（万元）	高新区财政科技拨款（万元）	研发机构数（家）	创新服务机构数（家）	科技企业孵化器和加速器内在孵企业数（家）
武汉	26897	6211	163	29	1501542	114204	510	39	1497
襄阳	7548	1494	47	25	167326	31405	58	6	155
宜昌	2435	585	27	18	557143	29250	117	6	198
孝感	1887	170	28	26	182640	22968	70	10	111
荆门	679	97	18	22	90407	2856	19	14	258
长沙	2488	229	120	16	703200	277544	625	42	1092
株洲	1185	128	37	29	272370	10000	199	21	207
湘潭	945	139	10	31	342098	2892	47	13	266
益阳	407	26	10	15	162361	9564	72	4	56
衡阳	1200	223	11	17	189134	2850	32	5	0
广州	5974	872	302	8	2214507	445350	372	32	1017
深圳	7487	154	278	9	0	0	129	22	508
珠海	3476	364	63	29	174601	14444	109	4	289
惠州	4715	1080	39	18	343364	12935	67	7	294
中山	7060	1405	8	20	394856	17115	63	3	287
佛山	1036	231	70	14	322452	33175	196	17	306
肇庆	927	180	9	11	260636	2472	33	3	17
江门	581	42	40	7	114728	3925	35	14	98
东莞	1684	708	14	4	19115	23293	72	17	223
南宁	13615	2550	39	18	306581	21126	167	21	402
桂林	10022	1669	12	17	92771	3145	54	2	236
柳州	3358	300	30	31	55042	3421	127	4	131
海口	473	63	3	8	68260	3800	15	1	20
重庆	25236	2120	65	5	191000	17351	129	19	408

续表

国家高新区	高新区工商注册企业（家）	新注册企业（家）	当年认定的高新技术企业（家）	本年度高新区占所在城市生产总值（GDP）比重（%）	高新区财政总支出（万元）	高新区财政科技拨款（万元）	研发机构数（家）	创新服务机构数（家）	科技企业孵化器和加速器内在孵企业数（家）
成都	42725	11517	75	25	1624016	124441	264	113	921
绵阳	3669	900	5	14	105940	5761	45	10	238
自贡	4089	934	5	22	182680	20426	38	12	92
乐山	353	54	2	14	61994	800	23	3	84
贵阳	6439	2913	63	28	492143	30455	176	21	400
昆明	8328	1315	22	6	250719	8352	82	12	180
玉溪	1248	303	2	57	43338	1742	15	3	0
西安	26452	6681	115	47	1011555	167524	288	54	1384
宝鸡	6125	872	8	35	85294	9236	104	12	116
杨凌	2797	682	3	100	240893	5397	130	14	133
渭南	627	109	2	9	53649	10406	14	4	12
咸阳	327	23	4	13	32174	1247	22	11	25
榆林	1403	483	0	10	150000	3000	8	2	0
兰州	3140	362	5	16	230103	525	108	18	196
白银	424	203	3	39	40056	4862	37	10	80
青海	453	46	3	9	87629	774	30	4	111
银川	145	36	6	15	51305	5175	14	15	114
石嘴山	210	11	8	10	0	0	22	1	0
乌鲁木齐	7597	1096	7	36	705400	17600	34	3	185
昌吉	316	42	6	20	46305	2881	22	1	0
新疆生产建设兵团	158	30	0	16	18198	220	20	9	0
苏州工业园	35716	8125	184	31	1640178	179960	657	79	1400

（二）国家高新区企业指标

1.经济指标

表1–2　国家高新区企业经济指标

国家高新区	营业收入（万元）	高技术产业营业收入（万元）	出口总额（万美元）	技术服务出口额（万美元）	净利润（万元）	年末资产总计（万元）	年末负债总计（万元）	劳动者报酬（万元）	规模以上企业综合能源消费量（吨标准煤）
北京中关村	360575738	125965164	3373086	357236	25820146	636742246	354219748	30069848	2906602
天津	68150031	11295317	1207352	35013	6035498	88663268	50740144	3608725	1427969
石家庄	15820684	9144692	89282	3035	970669	18596639	10338086	848749	1053382
保定	11152076	828578	169530	2	801982	13954709	8712990	725969	319541
唐山	1188438	246283	11924	9	90663	1735088	846448	115336	62472
燕郊	5406054	200268	5773	0	196124	5011864	3580385	193526	1485278
承德	1585638	126251	3188	0	64619	1829951	1126565	100516	156180
太原	17003245	1839646	26073	26	285958	26008974	18815763	833540	695236
包头	11820783	835506	108385	0	985206	17681150	10497170	750159	2120898
呼和浩特	6110689	0	0	0	226574	4314300	2312030	377872	4000926
沈阳	18870118	7020312	335438	407	1268168	29139452	14953479	1296545	1263804
大连	24163758	6487339	623016	176762	1444508	35318737	21633064	1721020	1656796
鞍山	23134159	13663612	133094	42	2131811	10374468	6530035	607492	771040
营口	5205319	127862	114149	0	205919	3917236	2746931	186193	252904
辽阳	8575039	3852	169958	0	333770	10198141	5683492	397285	2873859
本溪	2346830	1614520	8077	0	181930	2842094	836475	88403	56665
阜新	1797750	163132	17249	896	142426	1558543	987927	111305	161247
长春	53518016	1431090	308463	1028	5630177	36711196	19842513	1933913	1018264
吉林	8975283	684169	29586	0	-354226	7002422	3086878	636933	6790011
延吉	2668724	306564	15909	77	185286	1953084	1049457	116930	1235734
长春净月	9718829	2172657	87783	23	1162739	10879136	4838513	620456	488818
通化	6146723	5811351	2016	0	368158	3127763	904411	314047	358366
哈尔滨	22038364	5632287	177931	1503	844249	36579269	23919053	1661358	1032941
大庆	23214512	1571871	27677	1641	1564703	8653196	4808026	1558379	3176376

续表

国家高新区	营业收入（万元）	高技术产业营业收入（万元）	出口总额（万美元）	技术服务出口额（万美元）	净利润（万元）	年末资产总计（万元）	年末负债总计（万元）	劳动者报酬（万元）	规模以上企业综合能源消费量（吨标准煤）
齐齐哈尔	1904246	308426	34263	0	69518	2131204	1289345	152032	106847
上海张江	127422351	45900654	3619322	335466	9967487	180254687	80911512	11254580	2774894
上海紫竹	4201249	1803864	71616	30638	453996	6927503	2254667	419017	60393
南京	45883050	24991381	871229	8938	1771614	40207897	23250010	2026704	14777890
常州	22876230	2975943	540646	1581	1020129	24048634	13491597	1350256	2315536
无锡	31751168	14374422	1852719	8089	1932855	33840843	15654918	2752675	1531772
苏州	28979187	15693672	2392004	5044	1077794	27153984	15515542	2013558	2479389
泰州	7934349	3740532	83477	277	496600	33905440	21617260	159252	232936
昆山	20490517	9274374	666934	446	842221	16147210	8582660	1804127	1237360
江阴	19191200	4652357	623713	62	781200	11701347	6216580	824405	2125283
武进	7808129	4234269	210155	1698	608606	8558659	4555498	594203	165971
徐州	6415359	1147823	41944	0	426267	3519114	1263403	363339	82710
南通	13716958	623079	389001	1660	709435	10781722	6460069	844483	154604
杭州	32656259	17233815	586439	47005	3477968	4552707	2141829	2683812	186668
宁波	22554036	3793381	705164	40	1148637	45041361	23426777	952698	320899
绍兴	2082338	371279	62354	0	70220	3168215	1743197	160680	381964
温州	4060837	341558	114471	0	199514	4141310	2455960	310608	317678
衢州	5681761	227481	43657	0	170417	186801503	105350914	301858	3025996
合肥	35249763	9292550	676411	156487	3122575	18129594	10585946	2270432	1393893
蚌埠	7412386	1634385	67894	318	419393	8018950	4731048	338917	598114
芜湖	9911503	1407097	76088	1054	528786	7602945	3852751	373511	902197
马鞍山	7278448	283618	63739	24600	228617	9066986	5432612	301487	3137346
福州	7271015	5644205	431247	1843	383394	42208068	23074873	456603	125377
厦门	19195258	16252493	1944929	3574	666904	6018315	2828157	1377314	228453
泉州	3511869	381958	58372	505	236182	4366306	2254153	287479	158946
莆田	4020459	1322422	29840	0	161175	1617568	723996	219623	389143
漳州	6508727	831265	168716	0	464951	5811294	3642288	375453	637535

续表

国家高新区	营业收入（万元）	高技术产业营业收入（万元）	出口总额（万美元）	技术服务出口额（万美元）	净利润（万元）	年末资产总计（万元）	年末负债总计（万元）	劳动者报酬（万元）	规模以上企业综合能源消费量（吨标准煤）
南昌	15690748	4745883	223811	6539	573819	13728154	8218608	739371	572085
景德镇	8388045	2386412	98027	0	176078	7532739	5659450	293944	508565
新余	6469499	743725	31277	0	255837	6326205	3751686	157356	295647
鹰潭	4647340	209718	10918	0	206041	2801868	335918	106109	67297
济南	31203134	12074353	626013	14333	2484359	14251908	7936672	1870017	914416
青岛	24198943	14490374	418896	402	1599401	37728238	22829892	971006	402528
淄博	23306314	2849799	286292	3704	1231418	28182574	20550375	784046	7898224
潍坊	22953815	4259471	369164	15703	2167411	17486985	8077280	1046691	2166689
威海	13360673	6957925	479882	43156	1033627	25476973	16883922	565553	1284232
济宁	26764855	1128772	191103	100	1117451	21760311	11444136	915623	3225575
烟台	3819967	612400	86595	131	235577	5330533	3051498	280659	177103
临沂	11190726	1077365	167923	0	785374	3376450	1518566	317569	999601
泰安	4375590	361367	28862	7	330214	7393097	4893543	292109	435932
郑州	37821799	6410355	227386	20708	2182374	12180086	5918150	1176971	2005617
洛阳	16533852	3600591	119665	1440	1615254	44702451	15756372	1303956	987219
南阳	2946078	744945	40293	0	234601	3589975	1868106	223310	322053
安阳	5432635	146830	22282	0	291312	4350426	2840466	239610	735446
新乡	6628051	385131	50925	0	883869	4221486	1232674	232402	268487
武汉	85261013	25882079	1239028	45395	4899592	18767597	9871713	3385910	2216200
襄阳	24506624	2064501	80494	0	1962390	95243996	52964182	950155	847085
宜昌	20965685	1592961	100518	251	766408	19613103	13527957	689178	6894246
孝感	9283873	1049432	25966	0	307221	6052278	3325214	311397	2490844
荆门	8978121	484146	43464	0	499014	5446129	2882132	324530	2527587
长沙	37159901	12314395	213016	865	1925660	16879749	9889038	2279466	729318
株洲	16242781	1227461	167614	0	931884	46761896	26707099	1044553	1047790
湘潭	12703278	271092	117435	0	277747	26110838	8495900	416491	1831601
益阳	6021666	1410378	32332	354	185169	2597287	1272936	235436	129835

续表

国家高新区	营业收入（万元）	高技术产业营业收入（万元）	出口总额（万美元）	技术服务出口额（万美元）	净利润（万元）	年末资产总计（万元）	年末负债总计（万元）	劳动者报酬（万元）	规模以上企业综合能源消费量（吨标准煤）
衡阳	6302369	2108965	130904	0	217436	5046254	3167878	199295	1206907
广州	50291068	27929091	1352620	68237	4278794	15942803	9446393	4622518	762602
深圳	46743907	36801973	1718132	59097	5201261	12726395	8519292	4645137	979226
珠海	19737982	7521244	1198808	2491	1554412	67807816	36390896	1383862	362604
惠州	26324674	23407830	2297595	456	923997	66846021	37393741	1031119	310054
中山	18330863	9069488	865782	28067	1385119	26569881	17457441	770524	956958
佛山	34749372	6197567	1201720	92972	2534670	15842586	9021679	1777620	2136512
肇庆	8232088	784981	71692	0	134305	7070914	3451717	582989	482385
江门	3320820	632167	133322	0	112635	3208433	1612909	254539	661215
东莞	13628242	12759840	583857	105	334852	7265833	5142417	597319	512557
南宁	15694135	7035164	177030	67	1325660	10992877	6674256	996895	775151
桂林	7434197	1902327	97107	98	553850	23152170	12455206	466075	1350540
柳州	15969289	110247	96402	679	748350	13268345	9505887	719510	1791548
海口	2882676	1053895	35900	0	182438	23791231	11369960	181427	264478
重庆	20213762	3338359	588663	473	1767974	4700345	1879369	1310271	1002176
成都	57084682	37623252	1993173	567955	5014388	7445246	3835251	3369649	657889
绵阳	9579748	6878058	180340	0	127155	60069561	31687383	668050	257198
自贡	4381185	362586	34165	1181	193132	5642857	3759744	242946	234902
乐山	2755360	282948	64207	0	69547	4481737	2641914	147849	757426
贵阳	25077521	4935853	354680	18929	1522410	24285839	14781735	1938003	4207841
昆明	15482276	4679027	44750	0	446753	10284136	7184865	855809	778775
玉溪	9722001	50563	378	0	555548	9594706	2551157	278111	158104
西安	77532183	21792444	948801	65179	5166728	105307857	74854516	3823720	2953528
宝鸡	15412360	1212587	68715	0	517330	21505314	14051864	970861	986809
杨凌	1600774	114219	2279	0	68253	116487110	70519677	100311	26131
渭南	3241185	75473	39865	0	246950	5170434	1989194	228669	1273285
咸阳	4163075	699709	7768	0	165115	1507835	747213	88266	620404

续表

国家高新区	营业收入（万元）	高技术产业营业收入（万元）	出口总额（万美元）	技术服务出口额（万美元）	净利润（万元）	年末资产总计（万元）	年末负债总计（万元）	劳动者报酬（万元）	规模以上企业综合能源消费量（吨标准煤）
榆林	3076575	12990	70035	0	293358	7632944	2455813	173789	528553
兰州	15405925	997222	18000	40	777926	14156656	8284469	832368	4358936
白银	7993039	81092	10083	0	80858	9090866	5775980	482786	3438548
青海	1064118	287978	187	0	35365	1676571	590164	46326	57274
银川	2042940	4249	34351	0	158565	3045795	1738562	44357	27950
石嘴山	1642698	13545	14870	0	86401	2851357	1043304	117697	144256
乌鲁木齐	9918464	713459	47225	527	2075769	2083424	1139580	440386	4801033
昌吉	2570655	23014	34227	0	282449	4880471	2570125	89554	3255742
新疆生产建设兵团	2993624	23013	7692	0	133031	5467933	3674579	156128	199157
苏州工业园	45204650	18594221	3825071	128598	3101247	46281443	22631730	3912276	1580595

2.人员指标

表1–3 国家高新区企业人员指标

国家高新区	年末从业人员（人）	R&D人员全时当量（人年）	高技术服务业从业人员（人）	留学归国人员（人）	外籍常驻人员（人）
北京中关村	2010448	125597	884870	21521	7754
天津	366927	21761	41264	3722	2814
石家庄	104010	12553	13389	414	98
保定	104957	17092	6452	119	27
唐山	18203	1199	2342	44	77
燕郊	29683	709	1044	87	158
承德	11811	492	0	2	2
太原	117892	8812	18842	214	133
包头	115978	7711	11069	1607	96
呼和浩特	64187	95	0	6	2
沈阳	153316	13366	33483	1974	423
大连	195130	7405	70167	4721	1428

续表

国家高新区	年末从业人员（人）	R&D人员全时当量（人年）	高技术服务业从业人员（人）	留学归国人员（人）	外籍常驻人员（人）
鞍山	88439	11164	3912	278	27
营口	46287	982	0	14	19
辽阳	38020	1122	64	30	5
本溪	23094	1056	0	63	27
阜新	24387	705	0	10	0
长春	164308	7011	10735	1647	698
吉林	70803	7019	2394	38	0
延吉	14091	49	644	11	40
长春净月	127164	3909	25062	841	149
通化	76294	1140	0	260	0
哈尔滨	166756	13776	16179	272	362
大庆	109965	3958	7416	74	116
齐齐哈尔	26531	2786	0	19	0
上海张江	758787	68329	236340	9877	6630
上海紫竹	21609	2003	10440	1724	405
南京	197979	24874	18643	1658	315
常州	170251	13400	5180	819	1189
无锡	348109	16238	17430	3957	2035
苏州	239146	35298	13641	679	5378
泰州	37265	1715	1050	623	44
昆山	274968	11557	1572	321	1383
江阴	109438	7148	630	144	133
武进	86235	8092	3440	256	286
徐州	41109	2741	2002	245	40
南通	90205	5625	561	111	32
杭州	257321	54979	106208	1976	836
宁波	129430	9954	16373	584	110
绍兴	36313	576	249	720	125
温州	72365	3277	280	354	133
衢州	55727	2430	262	18	58

续表

国家高新区	年末从业人员（人）	R&D人员全时当量（人年）	高技术服务业从业人员（人）	留学归国人员（人）	外籍常驻人员（人）
合肥	174307	30675	36811	4331	1401
蚌埠	55981	7853	5890	120	344
芜湖	54410	5065	3921	100	89
马鞍山	33189	2181	2497	22	22
福州	62533	7352	15949	138	156
厦门	156935	14712	12406	883	504
泉州	53878	1743	75	55	19
莆田	50225	239	0	152	55
漳州	82622	3174	92	41	102
南昌	110656	10406	12335	304	153
景德镇	57851	1958	0	160	142
新余	45098	291	87	97	14
鹰潭	24065	568	0	149	75
济南	240045	29892	68453	679	360
青岛	121993	12435	6149	402	150
淄博	113321	15866	10405	138	32
潍坊	153164	8327	9975	816	119
威海	106872	10131	402	615	612
济宁	171028	5525	607	234	148
烟台	52656	2052	1451	299	132
临沂	68460	1684	20	84	21
泰安	65212	3513	3024	23	11
郑州	213738	15236	17919	2834	712
洛阳	115213	19469	11544	442	372
南阳	46945	3227	2855	72	6
安阳	50013	1900	671	105	10
新乡	51454	2901	255	21	9
武汉	449644	48113	84166	2668	963
襄阳	157569	25861	2054	272	2319
宜昌	138637	9807	846	493	183

续表

国家高新区	年末从业人员（人）	R&D人员全时当量（人年）	高技术服务业从业人员（人）	留学归国人员（人）	外籍常驻人员（人）
孝感	79088	2367	1978	121	100
荆门	75045	3415	56	40	7
长沙	251198	33429	24946	1583	399
株洲	103907	14334	553	329	124
湘潭	80604	6815	698	314	49
益阳	26975	1072	0	345	154
衡阳	42947	2378	0	19	69
广州	440023	35492	153124	3048	1612
深圳	442033	50627	118509	2312	795
珠海	191444	25173	14431	486	735
惠州	187060	5499	958	164	441
中山	91237	9056	6891	1796	722
佛山	292602	20433	5098	2238	842
肇庆	49485	2359	73	57	61
江门	54507	1266	79	56	70
东莞	70294	7333	3879	206	142
南宁	156824	11812	29364	351	36
桂林	79343	2700	4407	280	106
柳州	92314	12109	1140	104	66
海口	30164	1640	67	948	124
重庆	212536	13804	26832	1827	1071
成都	291389	24994	70178	9053	1171
绵阳	112172	11880	777	27	23
自贡	36879	1764	0	24	55
乐山	27696	749	161	47	2
贵阳	255694	15213	19683	583	54
昆明	69113	5398	6629	147	25
玉溪	18612	316	0	35	5
西安	346679	30510	106142	3769	3784
宝鸡	139668	8398	826	108	33

续表

国家高新区	年末从业人员（人）	R&D人员全时当量（人年）	高技术服务业从业人员（人）	留学归国人员（人）	外籍常驻人员（人）
杨凌	19449	29	283	92	3
渭南	26543	646	12	17	1
咸阳	13580	852	85	33	9
榆林	14404	43	0	5	5
兰州	105095	1786	7152	1452	32
白银	73615	1157	629	274	5
青海	14154	179	0	12	0
银川	14777	249	0	15	17
石嘴山	20996	913	0	33	16
乌鲁木齐	83504	1468	4201	185	185
昌吉	12941	257	328	69	172
新疆生产建设兵团	15152	255	63	2	0
苏州工业园	286742	52338	34487	6165	10733

3.科技指标

表1-4　国家高新区企业科技指标

国家高新区	R&D经费内部支出（万元）	技术合同成交总额（万元）	委托境外开展研发活动费用支出（万元）	形成国家或行业标准以及参与制定国际标准数量（件）	拥有重要知识产权数量（件）	拥有欧美日专利数以及境外注册商标数量（件）	境外技术研发机构数（家）
北京中关村	4971702	8728524	1318730	3614	190675	5778	12
天津	1147589	2345155	55444	144	27176	1226	8
石家庄	343415	44813	40919	32	7098	234	5
保定	329642	1353	32587	91	9124	2222	2
唐山	17186	1734	1103	4	2424	23	3
燕郊	16836	2639	2770	3	471	8	0
承德	14300	0	104	5	291	24	0
太原	214528	50316	8682	22	4220	9	1

续表

国家高新区	R&D经费内部支出（万元）	技术合同成交总额（万元）	委托境外开展研发活动费用支出（万元）	形成国家或行业标准以及参与制定国际标准数量（件）	拥有重要知识产权数量（件）	拥有欧美日专利数以及境外注册商标数量（件）	境外技术研发机构数（家）
包头	105887	15601	4363	25	2074	61	0
呼和浩特	24687	0	32502	9	4271	639	1
沈阳	278669	50172	33049	169	7972	288	2
大连	621465	110200	20775	45	11978	201	8
鞍山	455115	74714	7022	0	2106	26	0
营口	22824	0	534	0	190	2	0
辽阳	72001	13060	1690	10	315	49	0
本溪	17885	5181	928	1	239	0	0
阜新	28577	6370	194	7	194	0	0
长春	371198	33038	34758	77	4914	688	11
吉林	73729	455	896	0	1078	10	0
延吉	867	539320	7165	0	371	3	0
长春净月	139581	187035	26352	1	3005	32	6
通化	13122	47	5630	25	979	13	1
哈尔滨	441712	60385	47772	95	8460	139	0
大庆	313873	4529	1425	13	1319	18	1
齐齐哈尔	31792	12530	1710	10	992	36	0
上海张江	2784064	1436210	444225	454	87983	2996	28
上海紫竹	122215	65897	11550	1	1209	12	0
南京	551296	82717	123819	141	21444	576	6
常州	343196	3882	12887	90	10820	87	2
无锡	408998	248613	21845	50	19859	263	12
苏州	526902	75715	28009	84	14072	285	19
泰州	61078	24037	5524	22	1542	48	0
昆山	237133	3355	10165	7	15251	176	4
江阴	234102	186	3242	42	3324	14	0
武进	160739	15685	13021	19	5633	151	15

续表

国家高新区	R&D经费内部支出（万元）	技术合同成交总额（万元）	委托境外开展研发活动费用支出（万元）	形成国家或行业标准以及参与制定国际标准数量（件）	拥有重要知识产权数量（件）	拥有欧美日专利数以及境外注册商标数量（件）	境外技术研发机构数（家）
徐州	117016	16928	239	2	3612	24	2
南通	370574	1410	2508	10	6839	115	1
杭州	1417134	293788	59009	7	39680	21	15
宁波	216265	17062	12458	99	8461	2698	0
绍兴	13138	20558	430	2	1066	72	0
温州	57608	2145	1427	38	3394	33	0
衢州	56652	2376	3464	38	2018	31	0
合肥	1040305	1978196	87239	165	27122	376	45
蚌埠	162817	13523	12869	34	3424	306	1
芜湖	170430	3407	53876	15	6944	16	0
马鞍山	103516	4308	3743	19	2955	4	0
福州	115302	69712	7122	369	5896	869	7
厦门	427487	87833	68993	6	11241	78	4
泉州	50100	602	1471	8	3497	195	3
莆田	18895	0	5224	0	713	0	0
漳州	50387	415	2429	24	1649	43	2
南昌	297869	350802	27249	43	4877	220	1
景德镇	101146	5161	20068	15	1295	4	4
新余	8931	14103	59	10	554	0	0
鹰潭	17990	0	10392	90	906	1	0
济南	516005	434897	41421	37	20308	57	4
青岛	784194	174514	147029	102	17031	568	17
淄博	283936	17914	7979	59	7748	658	7
潍坊	258743	39900	51353	100	11083	615	14
威海	254180	141797	130830	44	5047	756	21
济宁	241466	9055	11699	59	5050	195	3
烟台	61950	8482	13807	17	2017	168	2

续表

国家高新区	R&D经费内部支出（万元）	技术合同成交总额（万元）	委托境外开展研发活动费用支出（万元）	形成国家或行业标准以及参与制定国际标准数量（件）	拥有重要知识产权数量（件）	拥有欧美日专利数以及境外注册商标数量（件）	境外技术研发机构数（家）
临沂	105266	13694	8310	118	506	32	0
泰安	94700	22281	4633	32	2323	8	0
郑州	1218374	723418	199333	53	19704	351	22
洛阳	621743	433054	6845	12	9731	1422	3
南阳	51693	208	1505	26	1207	11	0
安阳	27880	96	1232	7	574	1	0
新乡	90232	0	1853	14	2146	19	0
武汉	2134286	356411	62165	121	39991	317	21
襄阳	582783	204857	14432	428	4787	599	6
宜昌	406345	9234	17276	41	4517	135	1
孝感	75480	1229	1872	11	1305	1	0
荆门	120616	2481	1380	16	1154	6	0
长沙	714516	62980	15479	49	19145	22	6
株洲	447918	21728	23869	107	8323	1082	10
湘潭	177868	8124	8382	21	2968	1	2
益阳	41124	56857	2141	22	630	21	0
衡阳	85225	10089	2547	16	990	0	0
广州	806329	878678	56914	112	43887	107	19
深圳	1447504	387572	53747	19	77656	59	19
珠海	815845	257082	7107	340	30108	1250	2
惠州	231848	0	18828	286	3469	2306	3
中山	292907	153049	3714	81	4185	4782	13
佛山	457017	56947	11051	0	15581	97	10
肇庆	35372	0	1168	0	1072	17	0
江门	31073	5	3143	0	2315	64	0
东莞	280553	44	171419	0	5401	285	2
南宁	265338	12651	1979	13	6431	149	1

续表

国家高新区	R&D经费内部支出（万元）	技术合同成交总额（万元）	委托境外开展研发活动费用支出（万元）	形成国家或行业标准以及参与制定国际标准数量（件）	拥有重要知识产权数量（件）	拥有欧美日专利数以及境外注册商标数量（件）	境外技术研发机构数（家）
桂林	73859	1400	5695	118	2574	883	3
柳州	320278	5548	26258	131	4681	132	3
海口	40014	2274	21427	22	2460	8	0
重庆	381108	1065892	42301	4	16401	13	4
成都	1311584	1305173	107067	88	42399	130	30
绵阳	228040	3180	9826	107	6063	1830	2
自贡	40553	13700	2735	35	1129	22	0
乐山	16794	408	1568	4	983	6	0
贵阳	383276	446941	16637	75	10844	589	1
昆明	171584	20149	14320	48	5281	35	1
玉溪	13257	7134	4444	8	3548	1063	0
西安	2049769	2246582	59918	82	49277	158	23
宝鸡	231944	29605	9321	41	3464	181	0
杨凌	20983	50	240	406	165	782	0
渭南	18458	0	8624	39	1000	50	0
咸阳	17648	3233	2687	18	615	0	0
榆林	5190	1312	1252	0	11	0	0
兰州	74629	7300	4017	41	2107	24	1
白银	32156	4059	4183	32	975	0	2
青海	3948	0	1078	5	337	6	1
银川	11266	0	172	3	381	4	2
石嘴山	24369	493	154	3	352	4	0
乌鲁木齐	50001	4832	3521	1	1586	0	0
昌吉	39042	539	244	5	967	3	0
新疆生产建设兵团	10444	0	425	1	116	0	0
苏州工业园	1267566	469174	44442	333	31492	1535	171

四、国家高新区创新能力监测指标解释

（一）国家高新区综合统计表

1.高新区工商注册企业

指在高新区工商局登记注册的所有企业个数。

2.新注册企业

指报告期内在高新区工商局新登记注册的所有企业个数。

3.当年认定的高新技术企业

指报告期内经过省、自治区、直辖市、计划单列市高新技术企业认定管理机构认定，并获得高新技术企业证书的企业。

4.本年度高新区占所在城市生产总值（GDP）比重

指报告期内高新区GDP占所在城市GDP的比重，其中所在城市数据应为全市（包括城区和所辖县市）的总额；位于县级市的高新区，应该计算高新区占所在县级市的比重。

5.高新区财政总支出

指报告期内高新区财政全部支出，与财政总决算报告中本年度支出合计的决算数相同。

6.高新区财政科技拨款

指报告期内高新区财政科技拨款决算数，不包括中央对地方的科技专项转移支付。

7.研发机构数

指高新区内建设或认定的省级和国家级研发机构（包括：各类大学、研究院所、国家重点实验室、企业技术中心、产业技术研究院、博士后科研工作站、国家工程研究中心、国家工程技术研究中心）。

8.创新服务机构数

指高新区内建设或认定的省级和国家级创新服务机构（包括：生产力促进中心、技术转移机构、产业技术创新战略联盟、产品检验检测机构）。

9.科技企业孵化器和加速器内在孵企业数

指高新区内建设或认定的省级和国家级创业服务机构内的企业数量（包括：科技企业孵化器、加速器）。

（二）国家高新区企业统计表

1.营业收入

指报告期内企业经营主要业务和其他业务所确认的收入总额。营业收入合计包括“主营业务收入”和“其他业务收入”。根据会计“利润表”中“营业收入”项目的本期金额数填报。

2.高技术产业营业收入

指按照企业国民经济行业代码分类提取的高技术制造业和高技术服务业的营业收入之和。

3.出口总额

指报告期内企业出售给外贸部门或直接出售给外商的产品、商品、技术或者为外商提供服务获得收益的总金额。包括来料加工装配出口、境外技术合同或者服务实现金额及在国内以外汇计价的商品出售额等。

4.技术服务出口额

指报告期内企业出口创汇总额中的技术和服务的部分，不包括产品或商品的出口部分。

5.净利润

指报告期内企业实现的利润在上交国家所得税后的剩余部分。按会计“损益表”

中“净利润”项的本年累计数填列。

6.年末资产总计

指报告期末企业因过去的交易或者事项形成的、由企业拥有或者控制的、预期会给企业带来经济利益的资源。资产一般按流动性（资产的变现或耗用时间长短）分为流动资产和非流动资产。其中流动资产可分为货币资金、交易性金融资产、应收票据、应收账款、预付款项、其他应收款、存货等；非流动资产可分为长期股权投资、固定资产、无形资产及其他非流动资产等。

7.年末负债总计

指报告期末企业因过去的交易或者事项形成的，预期会导致经济利益流出企业的现时义务。负债一般按偿还期长短分为流动负债和非流动负债。

8.劳动者报酬

指报告期内企业为获得职工提供的服务而给予各种形式的报酬以及其他相关支出。包括职工工资、奖金、津贴和补贴，职工福利费，医疗保险费、养老保险费、失业保险费、工伤保险费和生育保险费等社会保险费，住房公积金，工会经费和职工教育经费，非货币性福利，因解除与职工的劳动关系给予的补偿，其他与获得职工提供的服务相关的支出。

9.规模以上企业综合能源消费量

指报告期内高新区内规模以上企业从事经营活动过程中实际消费的各种能源的总和。计算综合能源消费量时，需要将各种能源品种的消费量换算成标准煤。

10.年末从业人员

指报告期末最后一日24时在本单位工作，并取得工资或其他形式劳动报酬的人员数。该指标为时点指标，不包括最后一日当天及以前已经与单位解除劳动合同关系的人员，是在岗职工、劳务派遣人员及其他从业人员之和。

11. R&D人员全时当量

指报告期内企业从事R&D活动的工作时间占全年工作时间一定比例及以上的专职人员。按参加R&D项目人员的全时当量及应分摊在R&D项目的管理和直接服务人员的全时当量两部分相加计算。

12.高技术服务业从业人员

指按照企业国民经济行业代码分类提取的高技术服务业的从业人员。

13.留学归国人员

指企业从业人员中出国学习、取得学位的归国人员。

14.外籍常驻人员

指企业从业人员中在大陆连续居住半年以上的外籍人员。

15. R&D经费内部支出

指报告期内企业用于内部开展R&D活动（基础研究、应用研究、试验发展）的实际支出。包括用于R&D项目（课题）活动的直接支出，以及间接用于R&D活动的管理费、服务费、与R&D有关的基本建设支出以及外协加工费等不包括生产性活动支出、归还贷款支出以及与外单位合作或委托外单位进行R&D活动而转拨给对方的经费支出。

16.技术合同成交总额

指企业报告期内在科技部门和商务部门进行认定和登记的技术合同成交项目的总金额。技术合同的类型包括四类：技术开发、技术转让、技术咨询和技术服务。技术合同的类型不包括获得国家和省市各类支持计划所签订的合同。指报告期内签订成立的技术合同。

17.开展产学研合作研发费用支出

指报告期内企业委托高等学校、科研院所或者与高等学校、科研院所合作开展研发活动而支付科研院所的经费。因缺乏研发活动经费统计指标，监测时用科技活动经费代替。

18.形成国家或行业标准以及参与制定国际标准数量

指报告期末企业累计主导制定形成的国家或行业标准数以及国际标准数。国家标准是指由国家标准化主管机构批准发布，对全国经济、技术发展有重大意义，且在全国范围内统一的标准。对没有国家标准又需要在全国某个行业范围内统一的技术要求，可以制定行业标准，是专业性、技术性较强的标准。作为对国家标准的补充，当相应的国家标准实施后，该行业标准应自行废止。行业标准由行业标准归口部门编制计划、审批、编号、发布、管理。行业标准的归口部门及其所管理的行业标准范围，由国务院行政主管部门审定。国际标准是指国际标准化组织（ISO）、国际电工委员会（IEC）和国际电信联盟（ITU）制定的标准，以及国际标准化组织确认并公布的其他国际组织制定的标准。国际标准在世界范围内统一使用。

19.拥有重要知识产权数量

指报告期末企业作为权利所有人拥有的、经国内外相关行政部门授权且在有效期内的知识产权件数（包括：专利、注册商标、软件著作权、集成电路布图设计、植物新品种），一件知识产权在境内外同时注册时只统计一件。

20.拥有欧美日专利数以及境外注册商标数量

指在报告期末企业作为专利权人拥有的经欧洲、美国、日本知识产权行政部门授权且在有效期内的专利件数，以及企业作为权利所有人拥有的在国外或港澳台注册的商标件数。

21.委托境外开展研发活动费用支出

指报告期内企业委托国外、港澳台地区的其他单位或与其他境外其他单位合作开展研发活动而支付给其他单位的经费。因缺乏研发活动经费统计指标，监测时用科技活动经费代替。

22.境外技术研发机构数

指报告期末企业在国外或港澳台地区设立的从事科技活动的分支机构数。

国家重点园区创新监测报告2016

国家农业科技园区

第二部分

创新能力监测报告

一、2014年农业科技园区建设进展与成效

2014年以来，园区认真落实中央一号文件精神，创新投入不断加大，创新途径日益丰富，创新能力不断增强，集成示范与辐射带动效益持续提升，在加快农业科技成果转移转化、促进农业产业结构调整、带动农民增收致富以及推进城乡一体化等方面发挥了重要作用，成为了推动农业现代化发展的重要增长极。

1.创新投入不断加大，建设了一大批农业科技创新创业平台

园区通过整合国家财政、地方财政、科研单位和企业等资源，不断加大资金投入，通过建设院士专家工作站、工程技术中心、重点实验室、校企共建研发中心、农产品检测检验和农产品电商平台等创新载体，以平台集聚资金、技术和人才，提升园区创新能力。2014年全年园区投资总额1119亿元，科研经费投入91.5亿元，拥有研发中心数1807个，其中省部级研发中心726个，研发人员数量超过5.4万人，一大批研发平台的建设大幅提升了园区自主创新能力。

2.孵化培育能力不断增强，培育了一大批农业科技企业

园区围绕区域特色优势产业，通过“园区+公司+农户”“园区+龙头企业+示范基地+家庭农场”等多种模式，构建了完善的技术咨询、信息交流、科技培训、金融服务、知识产权等科技服务体系，成功引进、孵化培育了一大批现代农业科技企业。截至2014年年底，园区引进培育企业总数7445家，其中高新技术企业371家，农业科技创新型企业588家，农业上市公司61家，当年在孵企业1144家、毕业企业491家、新

增孵化企业369家，园区“造血”功能不断增强，产业竞争力显著提升。

3.创新产出日益增多，促进了农业产业结构升级

园区推进以企业为主体的产学研相结合的创新体系建设，提升园区科技成果转移转化能力。园区通过领办、创办、协办农业企业、协会、专业合作组织，构建服务体系，带动了生物育种、农机装备、农产品深加工、农业信息服务等农业高新技术产业发展，有效地推动了区域农业产业结构调整升级。截至2014年年底，园区通过省级以上审定的植物和畜禽水产新品种308项，取得知识产权数4230项，其中专利授权2074项，同比增长150%；超过20家园区拥有地理标识产品，园区拥有品牌1866个；园区产业结构不断优化，一二三产业总产值达5378亿元，其中，二三产业产值总和占总产值的83%，实现了农业科技创新创业数量和质量的双赢。

4.集成示范效益显著，有力地带动了农民增收致富

园区不断加强核心区与示范基地的合作，充分发挥示范基地的辐射带动作用，加大园区新技术、新品种、新产品的推广力度，通过星火基地、科技特派员创业基地、专家大院、科技超市、农技110等多种方式，使园区成为培训农民科学种养的课堂，高等院校、科研院所学生实习的基地，科技成果转移、推广、使用的试验田。截至2014年，园区核心区平均建设面积约2400亩，示范区平均建成面积为68000亩。示范基地引进、推广新品种、新技术和新设施数量4230项，开展培训2.55万次，带动当地农户人数545万人，农户年人均纯收入达到19718元，超过当年全国农民人均纯收入的99.2%。园区的人才、信息、技术等方面的优势在示范基地得到放大和提升。

5.建设模式不断优化，推进了城乡一体化发展

园区立足区域农业基础优势，以产业集聚人气和生产要素，园区在带动农业农村发展、促进一二三产业融合，实现城乡一体化发展等方面发挥示范作用，构筑了“宜居、宜业、宜游”和“生产、生活、生态”为一体的园城镇村融合发展格局。如武汉农业科技园区融合高端生产生活生态功能、聚集高端创新创业要素，打造了都市现代农业园区典范；杨凌现代农业科技示范区通过探索现代农业模式与机制，推动农业生产经营方式向规模化和产业化转变，农民人均纯收入增幅连续6年位居陕西第一，为

就地城镇化提供了坚实的产业支撑，创出了可复制的现代农业发展“杨凌模式”。黄河三角洲现代农业科技示范区在黄河入海口盐碱地上建设了生态科技城、国际农业创新园、生物科技产业园、健康功能食品加工物流园，打造了一座高效、生态、可持续发展的现代农业样板区和信息化的田园城镇。山东泰安国家农业科技园区遵循“产城一体化”模式，强化旅游片区、度假城区、休闲新区等多功能多层次综合开发理念，通过建设泰山花样年华景区、亚奥特观光区和泰山蓝莓庄园等特色农业旅游文化观光园区，打造了“泰山农业旅游文化”景观。

二、国家农业科技园区创新能力监测指标体系

国家农业科技园区创新能力评价工作是国家创新调查制度的重要组成部分。2012年，中央6号文件提出“建立全国创新调查制度，加强国家创新体系建设监测评估”的要求，科技部下发了《关于做好建立国家创新调查制度相关工作的通知》（国科计〔2013〕64号），明确要求：形成农业科技园区创新能力监测与评价工作方案、提出农业科技园区创新能力监测与评价指标体系、发布农业科技园区创新监测报告和评价报告。

（一）开展农业科技园区创新能力监测的目标

国家农业科技园区创新能力监测是推动国家农业科技园区创新活动健康持续发展的重要手段，有助于国家农业科技园区本身的良性发展，有助于进一步清晰农业科技园区的创新主体，促进园区形成政府支持、企业主导、平台服务的持续创新主体组织机制，保障农业科技创新与现代农业建设的效果与效率。

根据国家创新调查制度的内涵要求，以及农业科技园区创新发展的客观实际，对农业科技园区创新能力监测的目标是：全面、客观、准确地反映农业科技园区的创新特征和创新能力，引导农业科技园区走创新驱动发展之路。

（二）开展农业科技园区创新能力监测的基本原则

——客观性原则。客观性又称真实性，农业科技园区创新能力监测指标要能真

实、全面、准确地反映农业科技园区的战略定位和特征内涵。

——指导性原则。可以对全国其他农业科技园区的监测工作提供借鉴和示范，突出农业科技园区的引领、带动作用。

——系统性原则。园区监测指标体系应可以完整、系统地反映农业科技园区创新能力的发展情况。

——可操作性原则。力争做到理论与实际相结合，结合实际工作，简明扼要反映相关发展情况。

——延续性原则。对于农业科技园区创新能力监测，要能够与园区历年年度工作报告相衔接，更好地开展对农业科技园区以及园区企业创业和创新活动评价工作。

（三）农业科技园区创新能力监测指标体系

根据《中共中央　国务院关于深化科技体制改革加快国家创新体系建设的意见》（中发〔2012〕6号）和习近平总书记关于“建立符合国情的全国创新调查制度，准确测算科技创新对经济社会的贡献，并为制定政策提供依据”的指示精神，按照科技部《建立国家创新调查制度工作方案》的部署，科技部农村司、农村中心认真研究梳理了农业科技园区创新能力的构成要素与指标体系，建立了覆盖农业科技园区创新产出、创新条件和创新绩效等3个方面能力的监测指标体系。

表2-1　国家农业科技园区创新能力监测指标体系

一级指标	二级指标	三级指标
1.创新产出	1.1　园区各类产品的创新品牌数量及变化	园区品牌总数 当年新增品牌数
	1.2　园区通过省级以上审定的动植物新品种数	当年取得的知识产权数 当年取得的授权发明专利数 当年取得的地理标识产品数 当年通过审定的植物新品种数 当年通过审定的畜禽水产新品种数

续表

一级指标	二级指标	三级指标
1.创新产出	1.3　园区引进推广动植物新品种数及规模	当年引进的植物新品种数 当年引进的粮食品种数 当年引进的畜禽水产新品种数 当年推广植物新品种数 当年推广粮食品种数 当年推广畜禽水产新品种数
	1.4　园区内研发推广的各类新技术与新产品数	当年引进新技术、新产品、新设施数量 当年国外引进的新技术、新产品和新设施数量 当年推广新技术、新产品、新设施数量 当年引进建设的生产项目数 当年自主建设的生产项目数 当年的生产建设项目数
2.创新条件	2.1　园区年度企业和政府研发投入总额	年度R&D投入总额 研发人员数 园区聘请专家总人数，其中：常驻专家人数 园区高新技术企业数 园区大型仪器设备原值总额
	2.2　园区投融资机构数及园区电商平台数及其运行效果	投资机构数 电商平台数 园区管委会信息化投入
	2.3　园区年度投融资总额	当年投资总额 当年财政投资总额 当年企业投资总额 当年社会融资总额
	2.4　园区科技特派员数量	科技特派员数量 法人科技特派员数量 个人科技特派员数量 科技特派团数量 科特派科技开发项目数 科特派当年项目总投资 科特派实现年利润 科特派创办企业总数
	2.5　园区研发中心数量及省部级以上各类研发平台的数量	园区拥有研发中心数 园区其中省部级研发中心数

续表

一级指标	二级指标	三级指标
3.创新绩效	3.1　每年园区培育孵化企业个数	在孵企业数 毕业企业数 新增在孵企业数
	3.2　园区企业本年度技术性收入	技术性收入 生产资料类销售收入
	3.3　园区企业年度销售收入	主营业务收入 出口创税额 年利税额 年缴税额 年净利润
	3.4　园区本年度一、二、三产产值	年度一产产值 年度二产产值 年度三产产值 园区年末资产总额 年末固定资产总额 入驻企业总数
	3.5　园区年度各类人才培训人次	本年度技术培训总人数 本年度举办的技术培训次数 本年度接待参观考察次数 本年度接待参观考察总人数
	3.6　园区内核心区农民人均年收入	本年度就业人员人均年收入 带动当地农户数 园区农户年人均纯收入 所在地农户年人均纯收入 园区当年从业人数 园区已建成面积

三、国家农业科技园区创新能力监测数据

为贯彻落实《关于做好建立国家创新调查制度相关工作的通知》（国科计〔2013〕64号）精神，我们对国家农业科技园区（以下简称“园区”）前五批共118家园区创新能力开展监测。北京通州国家农业科技园区、北京延庆国家农业科技园

区、内蒙古乌兰察布国家农业科技园区、辽宁海城国家农业科技园区、浙江杭州萧山国家农业科技园区、广东珠海国家农业科技园区、重庆渝北国家农业科技园区、四川宜宾国家农业科技园区、新疆昌吉国家农业科技园区、新疆哈密国家农业科技园区、厦门同安国家农业科技园区和深圳国家农业科技园区等12家园区因各种原因未上报本年度监测数据。在监测数据获取过程中得到了各省、自治区、直辖市、计划单列市、新疆生产建设兵团科技厅（委、局）及各国家农业科技园区管委会的大力支持和积极配合。

表2-2　园区创新产出表 I

园区简称	园区品牌总数（个）	当年新增品牌数（个）	当年取得的知识产权数（件）	当年取得的授权发明专利数（件）	当年取得的地理标识产品数（个）	当年通过审定的植物新品种数（个）	当年通过审定的畜禽水产新品种数（个）
昌平	7	1	9	4	0	0	0
顺义	3	0	0	0	0	0	0
津南	0	—	0	0	0	0	0
滨海	8	0	52	4	0	0	0
三河	5	0	2	1	0	0	0
唐山	3	0	1	1	1	0	0
邯郸	23	0	45	22	1	0	0
晋中	10	0	1	1	0	2	0
运城	1	1	20	2	0	5	0
吕梁	8	0	0	0	0	0	0
赤峰	1	1	0	0	0	0	0
和林格尔	14	3	280	9	0	2	0
阜新	8	—	0	0	0	0	0
辉山	20	0	56	9	0	0	0
铁岭	16	0	3	3	0	0	0
公主岭	9	3	10	8	0	28	3
松原	10	1	2	0	0	2	0
通化	0	—	25	14	11	4	0
延边	20	0	3	3	0	2	0
哈尔滨	3	0	1	0	0	8	0

续表

园区简称	园区品牌总数（个）	当年新增品牌数（个）	当年取得的知识产权数（件）	当年取得的授权发明专利数（件）	当年取得的地理标识产品数（个）	当年通过审定的植物新品种数（个）	当年通过审定的畜禽水产新品种数（个）
建三江	64	2	1	0	1	1	0
大庆	3	0	15	3	1	0	0
黑河	8	0	0	0	0	0	0
浦东	35	8	30	10	0	3	0
常熟	25	3	26	19	0	3	0
白马	12	1	64	64	0	10	0
淮安	89	37	117	49	4	9	0
盐城	17	3	19	3	0	0	0
嘉兴	92	4	0	0	0	0	0
金华	25	0	35	2	0	4	0
湖州	7	4	10	0	0	4	2
宿州	44	5	21	16	4	4	1
芜湖	16	0	33	6	1	0	0
合肥	13	2	10	3	0	3	0
铜陵	1	0	0	0	0	0	0
安庆	21	7	16	5	0	0	1
蚌埠	3	0	79	6	0	3	0
漳州	6	0	27	10	0	6	0
宁德	9	2	31	16	0	0	0
泉州	138	4	55	36	5	5	5
南昌	48	3	27	7	0	7	3
井冈山	33	20	0	0	0	0	0
新余	8	—	5	2	1	0	0
上饶	8	0	2	1	1	0	0
寿光	17	0	19	4	0	2	0
东营	4	3	2	2	0	0	0
烟台	12	0	36	4	0	2	0
济宁	58	13	386	43	4	7	1

续表

园区简称	园区品牌总数（个）	当年新增品牌数（个）	当年取得的知识产权数（件）	当年取得的授权发明专利数（件）	当年取得的地理标识产品数（个）	当年通过审定的植物新品种数（个）	当年通过审定的畜禽水产新品种数（个）
泰安	3	0	128	103	0	27	0
滨州	68	2	128	9	2	2	0
许昌	14	1	79	14	2	1	0
南阳	18	2	8	6	0	2	0
鹤壁	16	0	8	1	0	4	0
濮阳	4	0	20	7	0	1	0
武汉	61	29	401	392	9	46	12
仙桃	45	3	18	6	1	0	0
荆州	5	1	0	0	0	0	0
潜江	20	11	42	7	0	0	0
望城	58	10	6	6	0	5	0
永州	6	0	4	2	3	2	0
衡阳	18	7	22	2	1	0	1
岳阳	24	7	1	1	0	0	0
湘潭	19	3	4	2	2	0	0
广州	54	3	22	16	0	0	0
湛江	9	1	1	1	0	0	0
百色	16	—	0	0	0	0	0
北海	0	—	10	4	0	0	0
桂林	0	—	15	0	0	0	0
儋州	5	5	403	73	1	6	0
三亚	10	2	2	2	0	0	0
忠县	14	4	9	8	0	0	0
璧山	2	0	2	2	0	0	0
乐山	7	0	1	1	0	0	0
广安	5	0	2	0	0	0	0
雅安	2	0	4	4	0	0	0
贵阳	4	4	0	0	0	0	0
湄潭	4	0	166	107	2	3	0

续表

园区简称	园区品牌总数（个）	当年新增品牌数（个）	当年取得的知识产权数（件）	当年取得的授权发明专利数（件）	当年取得的地理标识产品数（个）	当年通过审定的植物新品种数（个）	当年通过审定的畜禽水产新品种数（个）
毕节	7	0	1	1	0	0	0
黔西南	10	—	5	3	0	0	0
红河	33	3	35	11	0	6	0
石林	5	2	0	0	0	0	0
楚雄	14	3	10	5	0	0	0
拉萨	2	1	0	0	0	5	0
日喀则	5	2	0	0	0	0	0
榆林	2	1	0	0	0	0	0
杨凌	14	7	720	720	0	4	0
渭南	9	—	7	7	0	0	0
定西	13	1	5	5	0	4	0
天水	35	0	8	6	0	4	0
武威	5	1	36	6	1	4	0
西宁	55	10	73	24	2	6	0
海东	19	7	0	0	0	0	0
吴忠	0	0	1	1	0	0	0
银川	2	1	0	0	0	0	0
固原	6	1	2	2	0	0	0
石嘴山	30	6	5	5	0	0	0
伊犁	1	0	0	0	0	0	0
乌鲁木齐	7	0	13	12	0	7	0
和田	3	1	0	0	0	0	0
石河子	51	0	3	3	0	6	0
阿拉尔	6	2	33	9	0	2	0
五家渠	3	1	6	6	0	0	0
金州	6	3	1	0	1	0	1
旅顺	1	0	2	2	0	1	0
即墨	26	4	182	78	0	4	0
慈溪	0	—	0	0	0	0	0

表2-3　园区创新产出表Ⅱ

园区简称	当年引进的植物新品种数（个）	当年引进的粮食品种数（个）	当年引进的畜禽水产新品种数（个）	当年推广植物新品种数（个）	当年推广粮食新品种数（个）	当年推广畜禽水产新品种数（个）
昌平	3	0	0	0	0	2
顺义	2	0	0	3	0	0
津南	0	0	0	0	0	0
滨海	8	0	1	3	0	1
三河	16	0	0	5	0	0
唐山	10	10	1	6	2	3
邯郸	6	5	1	14	3	2
晋中	5	2	3	4	1	3
运城	11	0	0	22	11	0
吕梁	0	0	0	0	0	0
赤峰	23	1	0	9	1	0
和林格尔	0	0	0	0	0	0
阜新	0	0	0	0	0	0
辉山	7	7	1	5	5	0
铁岭	15	12	0	17	12	0
公主岭	12	10	2	52	45	2
松原	4	2	0	4	2	0
通化	4	0	0	30	0	0
延边	11	9	6	2	1	2
哈尔滨	4	0	0	5	0	0
建三江	9	9	2	7	7	2
大庆	32	16	12	13	9	4
黑河	15	15	0	2	2	0
浦东	65	0	0	160	0	0
常熟	28	3	7	21	4	4
白马	30	9	0	11	3	0
淮安	298	96	62	162	62	41

续表

园区简称	当年引进的植物新品种数（个）	当年引进的粮食品种数（个）	当年引进的畜禽水产新品种数（个）	当年推广植物新品种数（个）	当年推广粮食新品种数（个）	当年推广畜禽水产新品种数（个）
盐城	13	4	1	21	14	2
嘉兴	8	7	0	2	2	0
金华	25	8	4	20	6	4
湖州	13	3	0	2	0	0
宿州	18	9	0	13	8	0
芜湖	14	6	6	6	2	3
合肥	54	10	0	7	2	0
铜陵	0	0	0	0	0	0
安庆	3	0	1	1	0	1
蚌埠	1	0	0	1	1	0
漳州	49	0	0	25	1	0
宁德	0	0	3	0	0	0
泉州	59	27	16	14	3	4
南昌	33	22	2	26	13	13
井冈山	0	0	0	2	0	0
新余	24	0	0	16	0	0
上饶	76	18	26	49	23	8
寿光	4	0	0	4	0	0
东营	61	0	2	19	0	2
烟台	2	0	0	2	0	0
济宁	61	15	27	33	12	26
泰安	8	1	1	22	1	1
滨州	185	36	75	12	4	6
许昌	40	0	0	8	0	0
南阳	31	8	0	30	2	0
鹤壁	2	2	0	6	6	0
濮阳	10	0	0	2	0	0

续表

园区简称	当年引进的植物新品种数（个）	当年引进的粮食品种数（个）	当年引进的畜禽水产新品种数（个）	当年推广植物新品种数（个）	当年推广粮食新品种数（个）	当年推广畜禽水产新品种数（个）
武汉	42	14	13	75	17	13
仙桃	30	10	7	20	0	5
荆州	0	0	0	0	0	0
潜江	5	0	1	7	3	2
望城	19	4	3	20	7	6
永州	12	4	10	12	3	8
衡阳	13	8	6	11	8	5
岳阳	9	3	1	4	1	1
湘潭	18	3	4	11	0	2
广州	0	0	0	2	0	4
湛江	1	0	0	1	0	1
百色	12	3	2	4	3	2
北海	0	0	2	0	0	2
桂林	0	0	0	0	0	0
儋州	9	0	0	6	0	0
三亚	250	1	0	2	0	0
忠县	6	0	1	6	0	1
璧山	27	1	2	10	0	1
乐山	0	0	8	0	0	5
广安	4	0	0	3	0	0
雅安	1	0	0	1	0	0
贵阳	18	0	0	0	0	0
湄潭	61	61	5	61	61	3
毕节	2	2	0	2	2	0
黔西南	5	0	0	0	0	0
红河	15	0	2	17	0	1
石林	0	0	0	0	0	0

续表

园区简称	当年引进的植物新品种数（个）	当年引进的粮食品种数（个）	当年引进的畜禽水产新品种数（个）	当年推广植物新品种数（个）	当年推广粮食新品种数（个）	当年推广畜禽水产新品种数（个）
楚雄	37	7	0	23	8	0
拉萨	18	0	2	5	0	0
日喀则	0	0	1	0	0	1
榆林	1	1	2	4	0	0
杨凌	15	5	1	42	27	1
渭南	0	0	1	0	0	1
定西	11	6	3	0	0	0
天水	12	0	4	14	0	4
武威	43	4	7	9	0	2
西宁	92	5	2	85	63	3
海东	30	0	2	17	0	2
吴忠	0	0	4	0	0	4
银川	5	0	0	0	0	0
固原	5	1	0	4	2	0
石嘴山	10	5	12	14	3	10
伊犁	0	0	0	0	0	0
乌鲁木齐	11	0	0	7	5	0
和田	15	0	0	15	0	0
石河子	6	0	3	1	0	0
阿拉尔	13	3	0	3	0	0
五家渠	6	0	0	2	0	0
金州	5	0	2	3	0	4
旅顺	50	16	0	26	2	0
即墨	32	2	0	25	1	0
慈溪	4	2	0	3	1	0

表2-4　园区创新产出表Ⅲ

园区简称	当年引进的新技术、新产品、新设施数（个）	当年国外引进的新技术、新产品和新设施数（个）	当年推广新技术、新产品、新设施数（个）	当年引进建设的生产项目数（个）	当年自主建设的生产项目数（个）	当年的生产建设项目数（个）
昌平	7	0	7	0	2	2
顺义	0	0	4	3	1	4
津南	0	0	0	0	0	—
滨海	1	0	2	1	3	4
三河	10	0	6	5	0	3
唐山	18	1	17	1	0	0
邯郸	27	6	26	5	9	6
晋中	24	4	9	6	13	14
运城	4	0	10	0	0	2
吕梁	0	0	0	2	3	1
赤峰	12	1	7	1	3	3
和林格尔	16	7	10	0	3	3
阜新	0	0	0	0	0	—
辉山	1	0	3	8	7	15
铁岭	14	0	15	2	14	17
公主岭	12	0	26	31	31	30
松原	0	0	1	59	2	43
通化	2	1	2	0	0	—
延边	9	0	19	3	0	3
哈尔滨	4	0	3	6	5	1
建三江	11	0	11	2	0	2
大庆	46	0	32	7	7	9
黑河	2	0	1	0	2	2
浦东	20	6	100	25	50	14
常熟	42	9	23	2	23	17
白马	41	0	31	15	34	49
淮安	781	16	632	9	111	111

续表

园区简称	当年引进的新技术、新产品、新设施数（个）	当年国外引进的新技术、新产品和新设施数（个）	当年推广新技术、新产品、新设施数（个）	当年引进建设的生产项目数（个）	当年自主建设的生产项目数（个）	当年的生产建设项目数（个）
盐城	4	0	6	0	6	6
嘉兴	0	0	0	15	0	16
金华	6	5	2	0	5	1
湖州	8	0	3	7	10	17
宿州	15	1	9	11	22	14
芜湖	13	0	9	2	15	14
合肥	13	0	1	1	67	4
铜陵	0	0	0	4	0	4
安庆	7	0	7	4	14	14
蚌埠	0	0	0	2	13	—
漳州	9	6	11	7	10	4
宁德	11	0	5	0	6	6
泉州	15	1	12	15	38	28
南昌	9	0	14	6	12	9
井冈山	10	0	2	0	6	6
新余	22	0	12	6	6	—
上饶	20	0	11	42	13	3
寿光	7	1	7	3	3	6
东营	22	0	14	1	6	5
烟台	4	0	4	3	13	9
济宁	289	47	220	332	268	32
泰安	16	2	1	2	4	2
滨州	86	9	2	20	4	9
许昌	4	1	5	8	2	6
南阳	5	1	5	0	8	8
鹤壁	1	0	4	0	5	5
濮阳	2	0	5	3	1	4

续表

园区简称	当年引进的新技术、新产品、新设施数（个）	当年国外引进的新技术、新产品和新设施数（个）	当年推广新技术、新产品、新设施数（个）	当年引进建设的生产项目数（个）	当年自主建设的生产项目数（个）	当年的生产建设项目数（个）
武汉	103	8	199	34	46	17
仙桃	8	0	13	2	11	4
荆州	0	0	0	2	15	2
潜江	5	0	6	6	8	14
望城	18	0	16	5	40	45
永州	11	2	11	2	1	2
衡阳	9	2	11	7	14	15
岳阳	5	0	13	0	13	12
湘潭	22	0	5	6	13	6
广州	3	0	16	0	14	55
湛江	0	0	4	0	5	5
百色	5	2	4	3	1	3
北海	2	0	0	0	0	—
桂林	0	0	0	0	0	—
儋州	0	0	10	53	7	2
三亚	3	0	6	0	0	4
忠县	24	0	6	87	46	132
璧山	10	0	8	0	14	14
乐山	3	0	2	1	4	4
广安	2	0	3	0	3	3
雅安	0	0	0	0	3	4
贵阳	8	0	4	0	3	3
湄潭	0	0	3	6	28	7
毕节	0	0	0	1	1	2
黔西南	3	0	0	5	5	—
红河	20	0	10	7	20	20
石林	0	0	0	1	1	2

续表

园区简称	当年引进的新技术、新产品、新设施数（个）	当年国外引进的新技术、新产品和新设施数（个）	当年推广新技术、新产品、新设施数（个）	当年引进建设的生产项目数（个）	当年自主建设的生产项目数（个）	当年的生产建设项目数（个）
楚雄	31	5	16	5	12	7
拉萨	12	0	8	0	0	—
日喀则	1	0	0	3	0	3
榆林	5	0	4	0	0	22
杨凌	6	0	7	15	15	20
渭南	1	0	5	12	2	22
定西	1	0	1	14	6	14
天水	12	3	14	0	6	6
武威	18	0	11	5	19	24
西宁	51	1	53	17	71	39
海东	25	0	15	13	2	15
吴忠	4	6	2	2	0	11
银川	6	0	0	0	0	3
固原	14	0	8	1	7	8
石嘴山	22	2	17	5	10	23
伊犁	0	0	0	0	0	0
乌鲁木齐	56	0	2	6	16	2
和田	15	0	15	0	0	—
石河子	0	0	1	1	0	1
阿拉尔	5	0	0	11	2	2
五家渠	1	0	1	2	7	7
金州	2	0	4	0	4	4
旅顺	14	0	12	2	3	5
即墨	22	2	23	10	6	16
慈溪	1	1	2	1	3	3

表2-5 创新条件表 I

园区简称	年度R&D投入总额（万元）	研发人员数（人）	园区聘请专家总人数（人）	常驻专家人数（人）	园区高新技术企业数（个）	园区大型仪器设备原值总额（万元）	投资机构数（个）	电商平台数（个）	园区管委会信息化投入（万元）
昌平	1722.0	265	94	15	2	952.3	0	11	10
顺义	5000.0	101	74	6	2	0.0	0	3	770
津南	20.0	10	5	0	0	0.0	0	0	100
滨海	3639.5	134	24	8	0	687.5	0	3	30
三河	2200.0	35	116	1	0	239.9	1	2	10
唐山	670.0	110	15	3	0	367.0	7	4	30
邯郸	41760.3	574	78	24	7	1083.0	1	4	4
晋中	1150.0	154	47	5	0	238.8	0	8	2
运城	2128.3	264	18	3	0	709.0	0	4	1
吕梁	317.9	161	18	3	0	1270.0	0	1	2
赤峰	2245.0	56	24	2	0	217.0	0	1	10
和林格尔	12478.3	750	72	31	3	22029.3	0	10	0
阜新	0.0	300	60	20	0	0.0	0	0	8
辉山	7344.0	3256	38	6	14	1505.6	1	2	50
铁岭	3559.0	280	29	6	0	448.0	1	0	300
公主岭	15831.0	1171	113	39	1	760.9	3	10	76
松原	150.0	98	20	3	0	109.0	0	0	100
通化	0.0	361	0	0	0	0.0	0	0	30
延边	0.0	10	35	0	4	0.0	1	1	40
哈尔滨	1150.0	168	300	20	0	0.0	0	0	18
建三江	3450.0	286	7	2	0	687.8	0	1	320
大庆	1350.0	2	0	0	1	274.0	7	4	8
黑河	1100.0	120	15	5	0	0.0	0	1	20
浦东	4000.0	520	60	20	6	3688.6	0	15	50
常熟	8569.7	665	75	18	3	3518.2	0	11	20
白马	16000.0	793	148	82	0	315.8	7	16	80
淮安	10343.5	1146	243	57	0	7108.3	36	137	1200

续表

园区简称	年度R&D投入总额（万元）	研发人员数（人）	园区聘请专家总人数（人）	常驻专家人数（人）	园区高新技术企业数（个）	园区大型仪器设备原值总额（万元）	投资机构数（个）	电商平台数（个）	园区管委会信息化投入（万元）
盐城	4989.7	361	58	13	3	805.8	1	15	382
嘉兴	176.0	129	203	48	0	0.0	0	13	282
金华	3000.0	150	20	5	0	2088.3	0	6	30
湖州	4339.8	126	16	5	2	865.9	0	4	26
宿州	2935.0	453	20	8	2	1222.0	1	2	30
芜湖	4066.0	196	44	20	2	390.4	1	1	85
合肥	258.0	36	16	6	0	0.0	1	5	0
铜陵	200.0	100	3	0	0	485.0	1	0	100
安庆	2746.4	313	24	7	3	0.0	0	22	0
蚌埠	868.0	762	8	5	0	0.0	1	0	20
漳州	5105.5	421	70	19	1	277.0	1	4	1000
宁德	3246.2	230	17	6	1	417.5	1	2	10
泉州	16842.0	1576	129	34	4	31776.4	2	10	1050
南昌	4215.3	397	46	37	9	2497.2	1	7	5
井冈山	790.0	219	42	11	1	1267.0	2	4	240
新余	190.0	65	12	12	0	0.0	0	0	160
上饶	210.0	48	37	6	0	301.5	1	3	350
寿光	3162.5	252	34	12	1	26.2	1	7	12
东营	3700.0	221	280	63	0	501.0	0	1	510
烟台	10490.6	542	41	8	4	4237.7	1	3	20
济宁	155599.9	3424	47	13	3	13143.4	1	52	53
泰安	7480.2	2867	53	26	5	489.6	1	2	520
滨州	3226.0	155	122	5	1	980.0	2	5	26
许昌	39000.0	2400	89	36	1	3560.0	3	12	2000
南阳	6547.0	1859	88	24	2	1891.6	1	9	600
鹤壁	58873.1	501	58	29	0	320.5	1	4	1100
濮阳	32000.0	89	10	3	3	1300.0	5	1	21000

续表

园区简称	年度R&D投入总额（万元）	研发人员数（人）	园区聘请专家总人数（人）	常驻专家人数（人）	园区高新技术企业数（个）	园区大型仪器设备原值总额（万元）	投资机构数（个）	电商平台数（个）	园区管委会信息化投入（万元）
武汉	16162.7	2937	1541	45	0	872.9	4	17	431
仙桃	13352.0	1919	43	22	3	788.9	1	5	15
荆州	200.0	30	5	2	1	0.0	1	4	50
潜江	9540.8	879	29	29	5	1084.4	1	7	5
望城	6280.0	143	20	20	3	708.1	0	19	145
永州	9500.0	315	19	2	5	100.0	1	2	70
衡阳	2303.0	385	36	11	1	1778.0	0	14	120
岳阳	10756.9	1113	15	7	2	60.0	1	1	12
湘潭	1804.0	47	16	8	2	50.0	1	3	3
广州	8342.6	464	61	34	0	981.7	0	5	25
湛江	8916.0	360	31	13	3	1863.7	6	1	0
百色	713.3	71	40	8	0	1869.2	1	2	53
北海	150.0	0	52	20	0	0.0	0	0	56
桂林	0.0	100	50	16	0	0.0	0	0	0
儋州	22733.2	858	42	7	1	11252.3	0	3	21
三亚	2846.0	93	10	4	0	0.0	0	4	100
忠县	6102.4	410	36	7	2	23.0	0	9	35
璧山	1852.0	310	66	9	1	319.4	0	5	110
乐山	2785.0	217	56	16	0	216.3	0	7	10
广安	614.0	70	21	5	0	380.0	0	1	0
雅安	4102.7	374	16	6	1	758.0	0	8	5
贵阳	400.0	10	5	1	0	0.0	1	0	100
湄潭	27.0	130	2	2	0	0.0	1	19	8
毕节	100.0	16	2	0	0	0.0	1	0	10
黔西南	100.0	30	20	3	0	0.0	0	0	30
红河	7537.8	728	77	12	7	1810.8	1	8	50
石林	20.0	5	0	0	0	150.3	1	5	40

续表

园区简称	年度R&D投入总额（万元）	研发人员数（人）	园区聘请专家总人数（人）	常驻专家人数（人）	园区高新技术企业数（个）	园区大型仪器设备原值总额（万元）	投资机构数（个）	电商平台数（个）	园区管委会信息化投入（万元）
楚雄	3239.3	228	17	23	0	550.0	0	7	0
拉萨	980.0	76	2	2	0	14.0	0	0	0
日喀则	317.3	20	5	2	0	0.0	0	0	0
榆林	561.0	89	16	3	2	18.0	0	0	273
杨凌	52000.0	5956	24	24	0	11288.2	1	35	270
渭南	3198.6	6	126	34	3	6824.0	0	3	15
定西	4013.0	438	34	21	2	1488.5	0	4	10
天水	1528.0	247	77	45	1	840.0	1	0	50
武威	4581.1	1118	108	31	3	1091.1	0	12	31
西宁	26069.2	1223	145	44	14	9214.6	0	28	0
海东	1372.0	186	63	18	0	350.0	3	4	267
吴忠	277.0	98	34	13	0	0.0	0	3	25
银川	20.0	24	2	0	0	284.0	0	1	5
固原	593.7	83	24	11	0	100.1	1	1	482
石嘴山	1788.0	49	15	4	0	243.0	0	3	70
伊犁	0.0	5	0	0	0	0.0	0	0	0
乌鲁木齐	19488.0	2052	34	20	0	137.7	0	1	0
和田	150.0	18	0	0	0	0.0	0	1	0
石河子	325.7	20	29	3	14	590.6	1	0	15
阿拉尔	850.0	85	8	0	0	678.8	2	3	300
五家渠	1042.7	22	2	2	0	1674.5	1	1	3000
金州	2030.0	142	18	7	0	247.0	1	4	0
旅顺	1795.7	255	12	6	5	125.4	1	11	14
即墨	130470.0	420	196	83	0	5956.5	1	22	200
慈溪	167.0	84	5	1	0	48.7	0	0	1

表2-6 创新条件表 II

园区简称	当年投资总额（亿元）	当年财政投资总额（亿元）	当年企业投资总额（亿元）	当年社会融资总额（亿元）
昌平	0.82	0.07	0.75	0
顺义	1.15	0.21	0.94	0
津南	0.02	0.02	0	0
滨海	4.82	0.17	4.66	0
三河	2.64	0.08	0	1.84
唐山	6.36	0.01	0	6.35
邯郸	6.20	0.06	5.70	0.05
晋中	5.38	0.14	5.18	0.02
运城	3.75	0.13	3.42	0.21
吕梁	0.75	0	0.75	0
赤峰	0.70	0.16	0.55	0
和林格尔	43.15	1.36	41.79	0
阜新	0.07	0.07	0.07	0
辉山	86.72	0.53	86.18	0
铁岭	4.20	0.90	0	0.90
公主岭	30.40	0.28	22.65	7.47
松原	20.00	0.20	14.63	5.17
通化	4.44	0	0	4.44
延边	3.69	0.47	3.11	0.12
哈尔滨	2.46	0.99	1.47	0
建三江	7.43	0	7.43	0
大庆	23.14	0.30	22.84	0
黑河	3.40	1.80	1.60	0
浦东	5.00	3.70	5.00	0
常熟	14.69	0.15	14.38	0.08
白马	37.04	10.20	26.84	0
淮安	12.24	5.04	7.17	0.02

续表

园区简称	当年投资总额（亿元）	当年财政投资总额（亿元）	当年企业投资总额（亿元）	当年社会融资总额（亿元）
盐城	0.01	0	0.01	0
嘉兴	8.73	3.93	4.80	0
金华	1.20	0.30	0.10	0.80
湖州	1.01	0.63	0.30	0
宿州	6.65	0.03	0.18	1.09
芜湖	0.79	0.13	0.66	0
合肥	0.40	0	0.29	0.12
铜陵	5.52	2.53	2.99	0
安庆	4.77	0.02	4.72	0.03
蚌埠	2.14	1.23	0.75	0
漳州	11.26	0.28	10.95	0.02
宁德	7.03	1.12	5.91	0
泉州	13.52	1.97	3.21	7.18
南昌	4.00	0.33	3.22	0.30
井冈山	13.34	0.60	12.71	0.15
新余	1.25	0.20	1.05	0.03
上饶	4.95	0.30	0.41	4.24
寿光	3.81	0.07	3.61	0.13
东营	3.16	2.60	0.56	0
烟台	6.53	0.02	6.48	0
济宁	153.28	2.90	133.46	16.92
泰安	8.13	0.25	7.70	0
滨州	6.76	0.30	0	6.46
许昌	61.09	4.12	56.49	0.48
南阳	12.53	0.22	12.31	0
鹤壁	10.11	0.12	4.94	5.05
濮阳	21.00	0.80	18.00	2.20

续表

园区简称	当年投资总额（亿元）	当年财政投资总额（亿元）	当年企业投资总额（亿元）	当年社会融资总额（亿元）
武汉	42.22	1.70	40.15	0.42
仙桃	11.75	0.04	10.66	1.05
荆州	43.50	0.50	43.00	0
潜江	19.02	0.19	18.83	0
望城	11.80	4.96	6.04	0.80
永州	3.55	0.50	1.80	1.25
衡阳	8.37	0.17	7.06	1.14
岳阳	9.74	0.02	5.12	0
湘潭	4.86	0.07	3.84	0.95
广州	4.83	0.33	4.33	0
湛江	8.41	0.04	8.30	0.08
百色	1.07	0.25	0.82	0
北海	0.40	0.30	0.10	0
桂林	0.23	0.10	0.13	0
儋州	4.21	2.51	0.18	0.44
三亚	1.25	0.23	0.45	0.30
忠县	18.68	1.21	17.48	0
璧山	0.86	0.09	0.77	0.01
乐山	19.03	0.29	5.76	0
广安	0.50	0.01	0.43	0.04
雅安	11.16	0	0.95	0.11
贵阳	7.06	2.36	3.70	0
湄潭	9.65	1.18	0	8.47
毕节	2.23	0.12	2.02	0
黔西南	2.00	1.00	0.50	0.50
红河	11.98	1.00	0.02	10.96
石林	6.93	0.69	6.24	0

续表

园区简称	当年投资总额（亿元）	当年财政投资总额（亿元）	当年企业投资总额（亿元）	当年社会融资总额（亿元）
楚雄	14.01	0.05	13.57	0.41
拉萨	0.09	0.04	0	0.05
日喀则	0.03	0.03	0	0
榆林	3.70	0.26	3.45	0
杨凌	3.78	1.00	2.78	0
渭南	3.87	0.38	37.26	0.11
定西	4.36	0.10	4.25	0.01
天水	3.68	0.09	0	0
武威	17.04	0.45	14.41	0.23
西宁	41.38	1.68	39.45	0.32
海东	23.01	11.74	10.84	0.43
吴忠	0.87	0	0.86	0.02
银川	0.09	0.08	0.02	0
固原	1.65	0.14	1.51	0
石嘴山	2.26	0.22	1.66	0.37
伊犁	1.96	0	1.96	0
乌鲁木齐	2.17	0.69	1.48	0
和田	4.00	4.00	0	0
石河子	4.61	2.26	2.35	0
阿拉尔	1.53	0.03	1.50	0
五家渠	2.43	1.87	0	0
金州	2.15	0.03	2.11	0.01
旅顺	0.76	0.05	0.70	0
即墨	9.64	0.22	9.56	0
慈溪	1.18	0.39	0.79	0

表2-7　创新条件表Ⅲ

园区简称	科技特派员数量（人）	法人科技特派员数量（人）	个人科技特派员数量（人）	科技特派团数量（个）	科特派科技开发项目数（个）	科特派当年项目总投资（万元）	科特派实现年利润（万元）	科特派创办企业总数（个）
昌平	17	17	0	0	10	2741	532	17
顺义	16	1	15	0	3	200	15	2
津南	0	0	0	0	0	0	0	0
滨海	23	1	23	2	2	30	0	0
三河	30	2	23	0	6	1600	40	0
唐山	32	3	29	0	8	680	230	7
邯郸	169	6	169	3	12	310	17	29
晋中	16	3	13	1	3	934	165	1
运城	6	0	6	0	0	0	0	6
吕梁	15	15	0	0	1	250	0	0
赤峰	92	1	91	0	7	2983	320	3
和林格尔	46	0	46	5	1	40	85	0
阜新	20	0	20	0	0	0	0	0
辉山	200	5	30	8	44	1410	448	53
铁岭	1000	3	997	3	10	10000	1000	0
公主岭	48	1	47	0	19	2136	836	9
松原	5	0	5	1	2	600	80	1
通化	5	2	3	1	0	0	0	0
延边	0	0	0	0	0	0	0	0
哈尔滨	87	0	87	1	2	120	0	0
建三江	101	15	86	0	6	256	43	0
大庆	99	35	64	2	20	336800	15000	12
黑河	45	4	41	0	4	1300	65	0
浦东	10	6	4	5	50	4000	2000	15
常熟	110	5	105	0	7	2641	362	3
白马	59	33	26	0	22	4230	634	33
淮安	328	120	154	8	14	6250	580	105

续表

园区简称	科技特派员数量（人）	法人科技特派员数量（人）	个人科技特派员数量（人）	科技特派团数量（个）	科特派科技开发项目数（个）	科特派当年项目总投资（万元）	科特派实现年利润（万元）	科特派创办企业总数（个）
盐城	172	0	76	0	15	850	1100	0
嘉兴	11	2	0	2	10	100	20	1
金华	45	0	40	2	45	3000	500	2
湖州	41	3	30	2	19	213	197	0
宿州	29	5	24	5	3	248	56	1
芜湖	18	1	5	12	7	1120	276	1
合肥	0	0	0	0	0	0	0	0
铜陵	6	6	0	0	6	8700	1300	0
安庆	0	0	0	0	0	0	0	0
蚌埠	16	2	14	0	2	600	160	0
漳州	43	6	34	3	8	1230	455	16
宁德	8	1	7	0	10	510	1565	0
泉州	78	2	68	3	42	7170	3860	4
南昌	47	0	47	0	11	712	3310	0
井冈山	40	6	40	7	7	198	36	17
新余	12	0	12	2	6	3580	2100	2
上饶	13	2	10	1	4	9350	925	2
寿光	19	4	14	1	2	115	22	1
东营	87	14	73	6	38	11000	1200	14
烟台	38	12	20	1	15	2000	460	12
济宁	286	7	238	5	53	11356	3867	7
泰安	31	4	26	1	22	5975	496	4
滨州	88	0	88	0	15	860	9	0
许昌	21	13	8	5	4	9720	15300	12
南阳	8	2	6	0	17	1647	429	4
鹤壁	32	0	32	0	5	8700	770	0
濮阳	12	5	8	0	8	1300	290	8

续表

园区简称	科技特派员数量（人）	法人科技特派员数量（人）	个人科技特派员数量（人）	科技特派团数量（个）	科特派科技开发项目数（个）	科特派当年项目总投资（万元）	科特派实现年利润（万元）	科特派创办企业总数（个）
武汉	216	8	184	24	118	23905	25522	26
仙桃	85	4	80	1	4	260	52	4
荆州	10	0	4	1	0	0	0	0
潜江	60	5	55	0	8	1200	90	5
望城	29	22	7	0	35	4000	600	6
永州	13	6	7	3	3	8000	2000	4
衡阳	4	0	4	0	0	0	0	0
岳阳	10	0	10	0	11	6200	1600	0
湘潭	385	55	330	4	178	5400	800	4
广州	770	14	725	31	380	2	0	13
湛江	0	0	0	0	0	0	0	0
百色	3	0	3	0	5	256	318	1
北海	12	0	12	0	3	280	55	0
桂林	54	0	54	0	0	0	0	0
儋州	195	0	195	0	15	650	150	4
三亚	4	4	0	0	4	0	0	0
忠县	82	6	70	1	20	2800	1200	6
璧山	78	0	78	0	12	230	670	0
乐山	20	0	20	4	3	15	10	0
广安	60	2	58	0	1	50	600	0
雅安	212	0	0	0	5	130	15	0
贵阳	29	3	26	0	3	400	200	3
湄潭	32	0	32	0	30	2256	450	31
毕节	0	0	0	0	0	0	0	0
黔西南	50	10	40	0	1	500	100	10
红河	40	2	39	0	4	650	210	4
石林	0	0	0	0	0	0	0	0

续表

园区简称	科技特派员数量（人）	法人科技特派员数量（人）	个人科技特派员数量（人）	科技特派团数量（个）	科特派科技开发项目数（个）	科特派当年项目总投资（万元）	科特派实现年利润（万元）	科特派创办企业总数（个）
楚雄	76	0	76	0	0	0	0	0
拉萨	9	1	8	0	26	980	0	8
日喀则	120	1	119	0	3	317	15	0
榆林	17	0	17	0	0	0	0	0
杨凌	215	5	210	0	0	0	0	8
渭南	0	0	0	0	0	0	0	0
定西	38	3	35	0	4	683	8936	30
天水	75	2	63	2	15	1310	530	7
武威	157	9	143	4	8	156	108	8
西宁	192	4	188	7	12	216	365	4
海东	201	195	6	9	20	9467	745	8
吴忠	5	0	5	0	6	850	1500	0
银川	124	0	124	0	0	0	0	0
固原	119	13	106	0	26	785	338	21
石嘴山	42	22	18	2	14	673	162	9
伊犁	43	3	40	0	10	500	1000	2
乌鲁木齐	15	3	12	0	12	350	80	0
和田	83	0	83	0	15	114	200	0
石河子	15	10	5	0	20	50	701	0
阿拉尔	30	2	28	3	5	546	31	22
五家渠	57	2	27	5	5	426	149	0
金州	132	6	67	2	13	2312	924	6
旅顺	32	3	29	0	3	420	40	0
即墨	286	8	278	6	23	3100	720	13
慈溪	42	1	0	0	1	30	0	0

表2-8 创新条件表Ⅳ

园区简称	园区拥有研发中心数（个）	园区其中省部级研发中心数（个）
昌平	5	2
顺义	3	0
津南	0	0
滨海	8	8
三河	5	3
唐山	4	0
邯郸	24	5
晋中	10	6
运城	13	3
吕梁	3	0
赤峰	3	1
和林格尔	19	12
阜新	15	3
辉山	11	9
铁岭	9	2
公主岭	37	30
松原	3	0
通化	5	5
延边	4	4
哈尔滨	15	0
建三江	15	0
大庆	36	7
黑河	4	0
浦东	40	14
常熟	18	15
白马	27	16
淮安	12	6
盐城	9	2
嘉兴	13	13

续表

园区简称	园区拥有研发中心数（个）	园区其中省部级研发中心数（个）
金华	13	8
湖州	20	20
宿州	19	4
芜湖	5	4
合肥	3	0
铜陵	1	1
安庆	12	2
蚌埠	10	2
漳州	18	3
宁德	8	6
泉州	42	11
南昌	13	4
井冈山	9	6
新余	5	1
上饶	24	1
寿光	10	5
东营	11	2
烟台	15	10
济宁	213	49
泰安	118	68
滨州	19	7
许昌	19	8
南阳	22	11
鹤壁	4	3
濮阳	1	0
武汉	251	120
仙桃	15	3
荆州	0	0
潜江	14	7

续表

园区简称	园区拥有研发中心数（个）	园区其中省部级研发中心数（个）
望城	11	2
永州	6	2
衡阳	8	4
岳阳	5	2
湘潭	10	1
广州	15	12
湛江	15	10
百色	11	6
北海	3	3
桂林	10	2
儋州	90	26
三亚	5	1
忠县	5	5
璧山	7	5
乐山	10	6
广安	2	0
雅安	8	2
贵阳	4	4
湄潭	3	3
毕节	1	0
黔西南	1	0
红河	29	18
石林	2	1
楚雄	12	2
拉萨	0	0
日喀则	3	1
榆林	6	0
杨凌	12	3
渭南	7	3

续表

园区简称	园区拥有研发中心数（个）	园区其中省部级研发中心数（个）
定西	19	10
天水	10	5
武威	21	3
西宁	39	12
海东	11	0
吴忠	2	0
银川	11	3
固原	2	1
石嘴山	6	1
伊犁	0	0
乌鲁木齐	9	5
和田	0	0
石河子	5	4
阿拉尔	2	1
五家渠	11	6
金州	5	0
旅顺	6	2
即墨	63	17
慈溪	0	0

表2-9 创新绩效表 I

园区简称	在孵企业数（个）	毕业企业数（个）	新增在孵企业数（个）	技术性收入（万元）	生产资料类销售收入（万元）	主营业务收入（万元）	出口创税额（万元）	年利税额（万元）
昌平	0	0	0	2516	0	35052	288	3243
顺义	0	0	0	100	41558	67227	20100	3476
津南	0	0	0	0	0	202	0	20
滨海	0	0	0	0	35045	81137	0	5987
三河	0	0	0	0	0	781840	0	207590
唐山	0	0	0	985	460	295020	1990	22640

续表

园区简称	在孵企业数（个）	毕业企业数（个）	新增在孵企业数（个）	技术性收入（万元）	生产资料类销售收入（万元）	主营业务收入（万元）	出口创税额（万元）	年利税额（万元）
邯郸	0	0	0	9709	5711	262903	6713	27130
晋中	2	0	0	11974	37738	191125	16	13390
运城	0	0	0	1040	0	10460	0	535
吕梁	3	1	2	5655	5655	155707	0	6457
赤峰	0	0	0	1106	1106	31994	0	5540
和林格尔	6	0	0	47020	33997	5028513	4152	565738
阜新	0	0	0	0	0	698325	35971	50543
辉山	17	16	16	1228481	494543	4169000	61076	288400
铁岭	8	2	2	2000	1000	27196	0	34400
公主岭	3	16	6	13010	16870	751587	11300	160333
松原	6	2	2	36700	36700	512600	0	39402
通化	5	8	0	0	0	160302	0	20522
延边	1	2	0	65	9000	42860	5000	13716
哈尔滨	0	0	0	0	0	—	0	0
建三江	1	0	1	2101	1355	883232	0	11285
大庆	20	30	4	6957	5737	823568	472	64166
黑河	2	0	0	0	190000	190000	0	15000
浦东	10	30	2	3500	2000	250000	20000	10000
常熟	0	0	0	591	48	1090618	27969	68107
白马	53	10	35	9600	3600	270915	6000	106470
淮安	32	19	11	9336	7047	630079	5036	18158
盐城	3	2	1	433	9894	190579	5836	17093
嘉兴	5	4	3	1480	1320	342014	0	15440
金华	21	3	0	200	800	7000	1000	4000
湖州	25	4	5	287	59	2452	0	17984
宿州	13	6	12	8990	7565	1044661	9100	142094
芜湖	9	0	2	1164	1215	111750	438	15174
合肥	0	0	0	66	66	2859	0	600

续表

园区简称	在孵企业数（个）	毕业企业数（个）	新增在孵企业数（个）	技术性收入（万元）	生产资料类销售收入（万元）	主营业务收入（万元）	出口创税额（万元）	年利税额（万元）
铜陵	2	1	0	60	35	47125	0	2326
安庆	0	0	0	587	520	113317	0	10077
蚌埠	1	0	2	2886	0	494125	0	29300
漳州	4	16	0	2831	758	164210	7037	26218
宁德	5	1	0	0	0	12506	139037	22127
泉州	59	12	21	7163	4175	789524	42000	457810
南昌	9	3	3	40606	50552	247480	0	10040
井冈山	18	2	2	2000	1085	44884	0	4099
新余	6	2	3	430	3490	24500	180	1360
上饶	1	2	1	710	6850	115320	4958	13581
寿光	1	2	0	9225	8164	284923	0	43460
东营	31	12	18	138	138	26600	0	201
烟台	0	0	6	1543	62313	212480	2623	38222
济宁	23	9	8	63532	898523	5005069	142010	579400
泰安	3	0	0	11707	6157	233385	10323	30015
滨州	—	1	0	0	1418	1069	1415000	1026
许昌	15	5	5	73623	45661	920096	5600	353100
南阳	6	11	3	2361	2000	362451	26256	137607
鹤壁	0	0	0	15373	9025	227999	0	13306
濮阳	26	8	12	3200	2000	478000	1200	68570
武汉	83	150	29	156507	122033	1619421	126486	182415
仙桃	4	3	2	43463	16789	1129341	13773	79530
荆州	0	0	0	0	12000	20000	30	5650
潜江	15	4	5	14795	10353	518600	37734	64570
望城	1	0	0	57000	12643	391687	4000	82400
永州	5	2	1	40225	35989	78664	3500	14652
衡阳	0	0	0	4766	7645	190788	0	30893
岳阳	1	0	0	191206	383835	612001	0	34808

续表

园区简称	在孵企业数（个）	毕业企业数（个）	新增在孵企业数（个）	技术性收入（万元）	生产资料类销售收入（万元）	主营业务收入（万元）	出口创税额（万元）	年利税额（万元）
湘潭	2	1	1	52	33714	78349	0	6416
广州	0	0	0	5844	54073	158752	1325	21539
湛江	0	0	0	244	0	273458	110411	22252
百色	3	1	1	345	154	9137	0	19221
北海	2	1	0	0	2185	2586	500	1057
桂林	—	—	—	—	—	—	—	—
儋州	10	15	15	3416	190	18102	0	616
三亚	1	0	1	530	430	13342	0	2375
忠县	219	0	50	231	9233	416325	0	64786
璧山	52	0	-2	1095	0	21078	0	3237
乐山	2	0	0	22	22000	805845	5312	45163
广安	0	0	0	4544	31	25535	0	3082
雅安	0	0	0	912000	547200	308160	5230	38674
贵阳	2	0	1	0	0	43278	0	24625
湄潭	20	11	5	0	0	248000	0	0
毕节	0	0	0	5	5	2412	0	1166
黔西南	0	0	0	500	100000	100000	0	100000
红河	25	1	5	6503	5973	206656	50329	26277
石林	2	2	1	0	0	2080	0	-200
楚雄	0	0	0	422	20139	226555	43600	21896
拉萨	0	0	0	110	110	547	0	199
日喀则	0	0	0	580	580	5700	0	890
榆林	0	0	0	5	4	15339	0	-103
杨凌	150	20	20	0	0	255056	5033	0
渭南	1	1	1	486111	485969	754586	8256	34649
定西	0	0	0	8739	16933	132289	973	32386
天水	2	1	1	351	554	57255	0	11240
武威	6	3	2	27163	32604	556709	0	51288

续表

园区简称	在孵企业数（个）	毕业企业数（个）	新增在孵企业数（个）	技术性收入（万元）	生产资料类销售收入（万元）	主营业务收入（万元）	出口创税额（万元）	年利税额（万元）
西宁	0	0	0	2335	30194	583547	15555	57564
海东	22	3	0	22570	10173	107075	0	29964
吴忠	20	15	22	20	8436	52633	0	20
银川	0	0	0	0	0	172	0	–361
固原	2	5	5	34	182	11791	0	621
石嘴山	6	4	2	0	7020	15720	951	2859
伊犁	0	0	0	100	20	12473	0	3553
乌鲁木齐	0	0	0	8625	6961	268007	0	40481
和田	0	0	0	0	35000	35000	0	0
石河子	4	2	4	12352	111639	295947	0	6773
阿拉尔	3	2	2	3000	2587	33540	0	8585
五家渠	7	0	0	0	0	28963	0	0
金州	5	0	0	12607	12037	33469	0	4134
旅顺	0	0	0	0	0	49861	4614	–1392
即墨	12	2	3	2353	15786	219113	125389	11778
慈溪	0	0	0	0	158	6893	0	1047

表2–10　创新绩效表Ⅱ

园区简称	年净利润（万元）	年缴税额（万元）	年度一产产值（万元）	年度二产产值（万元）	年度三产产值（万元）	园区年末资产总额（万元）	年末固定资产总额（万元）	入驻企业总数（个）
昌平	2303	939	22370	16305	3048	94683	39436	24
顺义	1101	2375	83086	0	3872	100381	50201	5
津南	202	20	—	—	—	3000	3000	35
滨海	5033	953	19750	60688	0	219940	115880	10
三河	25883	181707	102186	1851900	650	846000	804000	26
唐山	20971	1669	59702	228346	62638	321216	112280	19
邯郸	19840	7289	92465	192635	100170	335390	141078	34

续表

园区简称	年净利润（万元）	年缴税额（万元）	年度一产产值（万元）	年度二产产值（万元）	年度三产产值（万元）	园区年末资产总额（万元）	年末固定资产总额（万元）	入驻企业总数（个）
晋中	17537	3689	68252	3281	441	220206	81301	13
运城	535	0	2880	0	65	17379	13104	6
吕梁	5308	1149	5870	157684	856	128034	84439	27
赤峰	5116	424	16204	9008	6699	42535	28788	13
和林格尔	302492	270582	261289	4961566	4599	3851228	1009833	20
阜新	31684	18859	8364	582454	137675	31357	1263	282
辉山	174800	113600	56841	4577000	226524	2536000	4913922	278
铁岭	17765	6247	190021	331544	273505	61265	23445	42
公主岭	111382	48951	51936	480526	169275	538153	363933	193
松原	36800	2602	292407	262880	219713	300000	200000	133
通化	16508	17213	—	—	—	—	—	8
延边	9687	4029	35000	45000	1100	337500	307100	30
哈尔滨	0	0	30065	0	30	33100	27900	5
建三江	11016	269	322702	316876	243654	146033	142835	64
大庆	56031	8135	0	828740	10181	510071	424666	54
黑河	11000	4000	60000	140000	0	180000	160000	13
浦东	9000	1000	150000	40000	5000	900000	150000	100
常熟	30092	39718	54493	28085	14939	826761	181146	53
白马	88370	18100	49200	318300	131600	214361	110507	168
淮安	15747	2941	132618	503282	14177	326838	171652	142
盐城	14264	2829	59535	65832	82149	298136	60999	22
嘉兴	9865	5575	130853	225300	1466	804256	82448	46
金华	3000	600	6000	5000	1000	15000	14000	22
湖州	11269	6715	26860	84610	22831	6862	5736	55
宿州	85999	56195	152230	550830	511530	964664	713340	25
芜湖	12289	2881	37864	51517	22364	157726	72892	9
合肥	0	600	37500	6400	600	5474	6474	50
铜陵	2206	120	27140	0	24600	15600	55220	19

续表

园区简称	年净利润（万元）	年缴税额（万元）	年度一产产值（万元）	年度二产产值（万元）	年度三产产值（万元）	园区年末资产总额（万元）	年末固定资产总额（万元）	入驻企业总数（个）
安庆	8490	1807	64541	48805	2419	101918	42444	20
蚌埠	23690	5900	23480	416440	65380	243858	723	87
漳州	21593	10733	48953	60344	250	269298	66921	108
宁德	17940	4187	268981	4566	1051	750000	35950	112
泉州	403954	53856	495934	547230	41738	1534655	684291	278
南昌	11458	1480	97957	111902	1300	212388	88309	42
井冈山	2900	1200	47926	11238	0	469864	340384	39
新余	1690	690	4700	5450	3890	97800	45960	40
上饶	12876	705	59310	50185	10155	153820	97536	25
寿光	37024	4587	134876	7156	6909	309224	123550	28
东营	–4801	5002	128372	837413	55149	186095	65008	78
烟台	3404222	88576	42782	148856	1153	521266	152931	48
济宁	464136	115264	195544	4775670	323220	2231905	1288977	128
泰安	23758	6258	94657	225721	71449	184870	94072	158
滨州	142714	1027	1296600	564890	157310	1126062	531470	77
许昌	340000	13100	219000	7000	536924	1650000	652000	550
南阳	114416	23191	98567	284320	11400	413969	167229	93
鹤壁	8686	4620	84199	120076	23051	400693	113726	14
濮阳	39270	29300	244388	1745234	395244	2350000	1480000	165
武汉	151011	65554	129938	1634435	306686	1384662	481868	413
仙桃	38442	41088	316482	536450	287751	451818	245111	30
荆州	1050	4600	36500	74000	23000	400000	300000	5
潜江	38362	26208	53924	516661	315980	931206	246042	26
望城	54600	27800	47500	369950	104800	1536860	1200500	203
永州	69284	13972	48460	85855	43877	982179	514730	75
衡阳	23642	7250	24777	148147	11053	191092	78610	22
岳阳	13753	18961	15682	371805	2394	311589	193395	17
湘潭	2871	3863	51230	29588	1611	164009	83471	41

续表

园区简称	年净利润（万元）	年缴税额（万元）	年度一产产值（万元）	年度二产产值（万元）	年度三产产值（万元）	园区年末资产总额（万元）	年末固定资产总额（万元）	入驻企业总数（个）
广州	16143	6131	233479	17338	15	122221	22045	23
湛江	20311	1941	4115	205395	0	554680	19733	7
百色	173127	9088	71618	240389	114980	31278	20919	27
北海	941	116	2285	0	0	39200	38500	6
桂林	—	—	—	—	—	—	—	320
儋州	63	74	3114	0	25222	46371	25060	40
三亚	1906	15	12632	420	1200	35695	11647	7
忠县	56124	8661	75880	219695	134954	373163	170252	257
璧山	3228	9	30709	184	674	25606	11901	123
乐山	30651	14506	542931	128085	0	892988	265965	6
广安	3081	1	24522	1984	980	21349	10426	4
雅安	24276	14098	7364	97690	1515	350650	128160	68
贵阳	16625	8000	48757	10320	1523	10000	10000	32
湄潭	0	0	152400	76200	25400	—	—	108
毕节	565	189	45	1628	59	37087	10777	3
黔西南	8000	2000	100000	0	0	14000	10000	10
红河	18301	7977	113172	102393	1843	248523	96878	43
石林	-201	0	0	0	13300	78600	62400	12
楚雄	17957	3699	46447	136716	150	287506	77462	68
拉萨	139	60	157	390	0	2890	61	7
日喀则	860	25	0	5500	0	11709	9500	8
榆林	1850	0	3020	9681	3364	74773	219	17
杨凌	30946	5089	0	0	0	255056	0	0
渭南	31542	3894	294896	352438	98562	181762	62385	48
定西	30487	1899	62441	31333	54936	247003	118696	40
天水	11042	198	53717	9440	0	162815	48845	28
武威	24779	35693	105924	410616	14985	685019	302606	255
西宁	29801	19217	158905	453300	2730	3391559	384087	87

续表

园区简称	年净利润（万元）	年缴税额（万元）	年度一产产值（万元）	年度二产产值（万元）	年度三产产值（万元）	园区年末资产总额（万元）	年末固定资产总额（万元）	入驻企业总数（个）
海东	28953	1010	89930	58670	14686	206123	132149	126
吴忠	836	16	6570	2972	0	80824	5181	35
银川	–367	6	17	0	155	2679	296	24
固原	572	49	4351	7860	2	33583	17747	10
石嘴山	2440	501	12688	15658	1010	118257	26160	25
伊犁	3553	200	100	50	50	57379	49542	3
乌鲁木齐	37438	12316	206346	58874	29393	693553	59421	278
和田	0	0	20000	15000	0	40000	40000	129
石河子	6311	31000	169297	723368	266283	1305	1517	61
阿拉尔	8287	298	18684	26400	7600	97715	30521	16
五家渠	2983	0	37119	6492	16403	102746	25207	11
金州	3340	792	16395	19703	0	42584	15910	18
旅顺	–1697	822	13206	6008	250	147358	31415	47
即墨	12198	4083	101055	4298	10971	346627	122414	28
慈溪	721	327	4506	1130	30	78543	13134	13

表2–11　创新绩效表Ⅲ

园区简称	本年度举办的技术培训次数（班次）	本年度技术培训总人数（人）	本年度接待参观考察次数（次）	本年度接待参观考察总人数（人）
昌平	115	3375	1411	44285
顺义	6	23	346	87
津南	0	20	0	0
滨海	18	680	137	2397
三河	20	3000	40	600
唐山	50	8576	20	3275
邯郸	123	3718	200	4851
晋中	104	5690	484	23162

续表

园区简称	本年度举办的技术培训次数（班次）	本年度技术培训总人数（人）	本年度接待参观考察次数（次）	本年度接待参观考察总人数（人）
运城	1025	52205	344	14327
吕梁	40	4560	60	3330
赤峰	303	13046	480	10897
和林格尔	561	10234	20951	1230450
阜新	20	200	20	100
辉山	965	8648	382	14365
铁岭	140	9193	145	1947
公主岭	548	23971	361	10549
松原	5	1800	2	100
通化	160	3070	300	2750
延边	84	1287	155	1218
哈尔滨	30	6000	500	3000
建三江	326	81100	398	51320
大庆	236	4077	909	7420
黑河	6	1200	5	65
浦东	150	2600	9000	17000
常熟	118	4566	2622	160623
白马	180	15000	250	27000
淮安	985	36877	2423	55063
盐城	196	6132	250	16295
嘉兴	119	10130	32	950
金华	50	3000	60	5000
湖州	140	2678	91	9430
宿州	63	6960	67	7745
芜湖	56	3775	631	852614
合肥	40	4492	1162	9655
铜陵	15	650	32	221
安庆	98	6645	160	3134

续表

园区简称	本年度举办的技术培训次数（班次）	本年度技术培训总人数（人）	本年度接待参观考察次数（次）	本年度接待参观考察总人数（人）
蚌埠	24	3200	81	914
漳州	678	3588	1969	13669
宁德	3	300	10	1200
泉州	259	67836	3571	364562
南昌	159	8681	137	10791
井冈山	103	2613	392	10309
新余	29	3345	45	5125
上饶	36	5380	2720	113200
寿光	436	23154	1404	533603
东营	67	2077	713	8600
烟台	50	1560	56	1317
济宁	1276	25256	3874	248563
泰安	235	29325	59	9126
滨州	102	1695	289	3866
许昌	410	20200	560	16800
南阳	236	15410	1084	72312
鹤壁	96	6997	1250	15767
濮阳	38	12690	102	28100
武汉	1820	144750	1620	31842
仙桃	158	31601	203	2891
荆州	20	500	600	1200
潜江	357	27896	443	2977
望城	135	7100	204	13200
永州	90	3050	146	2980
衡阳	155	4688	179	2335
岳阳	80	2113	104	1803
湘潭	96	852	121	1343
广州	105	10138	162	5063

续表

园区简称	本年度举办的技术培训次数（班次）	本年度技术培训总人数（人）	本年度接待参观考察次数（次）	本年度接待参观考察总人数（人）
湛江	40	2048	108	2155
百色	21	3158	207	3216
北海	20	3176	12	280
桂林	2	40	10	133
儋州	276	30715	20407	89855
三亚	47	2076	220	5313
忠县	722	27941	845	16029
璧山	263	2700	602	6638
乐山	114	1967	123	2267
广安	29	1378	54	3411
雅安	435	5890	153	1468
贵阳	20	2000	30	1056
湄潭	20	2000	1500	9600
毕节	9	740	49	680
黔西南	5000	12000	300	1500
红河	292	26790	5540	110235
石林	32	2230	1095	500000
楚雄	239	26876	881	29745
拉萨	32	3880	54	1846
日喀则	30	2100	260	3050
榆林	87	4595	160	3104
杨凌	485	38400	5600	331200
渭南	25	2850	30	315
定西	169	8947	421	9166
天水	124	10381	265	36740
武威	538	16916	1509	23173
西宁	814	17027	897	78131
海东	112	9334	307	22924

续表

园区简称	本年度举办的技术培训次数（班次）	本年度技术培训总人数（人）	本年度接待参观考察次数（次）	本年度接待参观考察总人数（人）
吴忠	135	1088	212	9398
银川	2	500	10	10000
固原	23	1032	42	2004
石嘴山	59	4672	73	1590
伊犁	1	6	3	3
乌鲁木齐	88	2946	164	6620
和田	50	1000	60	500
石河子	250	23200	800	14000
阿拉尔	66	1765	100	1253
五家渠	15	3212	86	15956
金州	57	1341	164	1833
旅顺	236	8368	1928	132907
即墨	183	11091	599	22821
慈溪	25	354	288	6623

表2–12　创新绩效表Ⅳ

园区简称	本年度就业人员人均年收入（元）	带动当地农户数（人）	园区农户年人均纯收入（元）	所在地农户年人均纯收入（元）	园区当年从业人数（人）	园区已建成面积（公顷）
昌平	36989	6902	37022	33656	1716	6500
顺义	70000	350	38400	27000	230	180
津南	50000	200	32000	26000	200	70
滨海	22849	2821	31000	21050	1014	258
三河	35000	2890	14835	13746	6531	7700
唐山	22370	31000	13756	12837	2962	243
邯郸	27550	90965	14510	10982	3508	940
晋中	21318	33997	19786	13528	5882	4782
运城	25000	9046	13000	8718	1690	18133

续表

园区简称	本年度就业人员人均年收入（元）	带动当地农户数（人）	园区农户年人均纯收入（元）	所在地农户年人均纯收入（元）	园区当年从业人数（人）	园区已建成面积（公顷）
吕梁	28000	2502	19572	15675	4132	1750
赤峰	37770	85621	12620	8675	592	11783
和林格尔	52000	43000	14300	14200	30215	19814
阜新	30000	10000	30000	20000	12000	3574
辉山	28200	8564	22896	17675	17134	85600
铁岭	21471	4838	11715	10888	217476	224954
公主岭	30000	35043	34817	18690	34000	1484
松原	30000	20000	10100	10100	25800	234
通化	20000	—	—	15000	1115	600000
延边	20000	17452	17452	20000	3124	4270000
哈尔滨	18000	12000	22500	14800	565	6289
建三江	32000	132700	32000	29000	8363	22000
大庆	29876	13850	15600	10255	2740	5300
黑河	20000	110000	11000	10000	1300	210453
浦东	52000	10000	50000	50000	450	300
常熟	36148	577000	26143	23766	12230	11947
白马	50795	18000	17221	17233	20711	3000
淮安	31812	83283	13850	12010	155354	120200
盐城	36424	31548	30000	25000	850	14300
嘉兴	25367	23184	20220	22100	118637	23333
金华	60000	10000	15000	13000	—	1510
湖州	46002	11429	24629	23902	705	5625
宿州	44600	10760	27600	7900	4983	36700
芜湖	24600	17279	16450	14320	1179	20100
合肥	32187	1397	13396	10636	4523	246
铜陵	32000	1300	12800	16405	980	1740
安庆	26574	47189	10916	7748	2859	76632
蚌埠	22400	185000	10850	0	11050	816

续表

园区简称	本年度就业人员人均年收入（元）	带动当地农户数（人）	园区农户年人均纯收入（元）	所在地农户年人均纯收入（元）	园区当年从业人数（人）	园区已建成面积（公顷）
漳州	26400	57140	18660	13580	43000	6500
宁德	35500	3000	11068	9852	12600	253000
泉州	88800	34483	48350	46000	—	10500
南昌	28641	12209	11800	11000	5300	8575
井冈山	50065	10922	38000	18020	—	8027
新余	31450	871	15312	12765	3200	34050
上饶	35700	14580	7350	16750	3500	30533
寿光	45000	75951	25121	16065	980	7000
东营	38000	2047	15664	14456	4472	2995
烟台	34500	8447	23506	23124	2336	70900
济宁	28800	265847	13500	12650	23863	5393
泰安	31201.45	69980	16227.25	14764.63	29430	3220
滨州	28117	1599	13698	11928	58996	19134
许昌	22000	31000	23000	21000	44800	34000
南阳	28470	80837	15700	9741	6419	7373
鹤壁	11291.95	64193	11263	9857	5620	11447
濮阳	28400	31200	31200	28400	16320	4000
武汉	42326	229484	14257	13235	111457	36581
仙桃	32650	33667	18135	13193	15167	90800
荆州	35000	3500	27000	23500	23680	260
潜江	31700	138341	16220	12862	4670	31500
望城	28340	27500	23700	23600	13160	5640
永州	30850	69720	9870	10673	11946	2100
衡阳	35994	859166	17230	15620	3222	3000
岳阳	30348	2212	15926	22535	5237	330
湘潭	32426.82	50647	50647	32426.82	50647	33550
广州	46752	7216	32000	30000	1361	167054
湛江	45837	15635	24581	15310	4057	18200

续表

园区简称	本年度就业人员人均年收入（元）	带动当地农户数（人）	园区农户年人均纯收入（元）	所在地农户年人均纯收入（元）	园区当年从业人数（人）	园区已建成面积（公顷）
百色	24652	27800	11114	6145	3593	6346
北海	25180	92125	8000	9079	312	4320
桂林	20064	2000	9978	9600	1000	2559
儋州	37704.5	27648	13000	11000	2275	81700
三亚	11422	565	20000	11500	800	1000
忠县	36916	129708	12870	9890	9008	23333
璧山	16367	1837	13500	12807	1900	2666.6
乐山	25250	12349	17630	15150	5098	16780
广安	18250	12015	13950	11050	657	5836
雅安	23235	1259	32601	27168	3301	134633
贵阳	18672	776	18672	12448	1548	1675
湄潭	11000	6000	6000	13260	5000	33007
毕节	29760	100115	6221	29012	—	2383
黔西南	5000	1000	5000	5000	500	10000
红河	30326	87594	8200	7726	10000	67894
石林	18000	500	11000	10073	1006	8000
楚雄	26920	141540	—	—	2825	17167
拉萨	65000	—	—	65000	—	9500
日喀则	25000	20000	20000	21000	310	1036
榆林	24731	3150	18000	9730	654	330
杨凌	24000	2000	16223	16223	22000	10000
渭南	20800	23208	8724	8534	4123	25720
定西	25900	27793	4680	4600	3256	2731
天水	20892	11546	6970	5130	4571	65000
武威	31094	173103	7449	7903	10323	55340
西宁	28997	80569	12038	10097	10570	26031
海东	22800	448789	8960	8100	10954	51816
吴忠	36922	661	32000	30000	104	10667
银川	38000	3000	30000	9036	—	4347

续表

园区简称	本年度就业人员人均年收入（元）	带动当地农户数（人）	园区农户年人均纯收入（元）	所在地农户年人均纯收入（元）	园区当年从业人数（人）	园区已建成面积（公顷）
固原	31650	12918	8650	6000	210000	10567
石嘴山	54123	12450	52860	40165	7308	10612
伊犁	2500	—	—	2500	2921	3713
乌鲁木齐	49000	—	—	16000	—	17440
和田	15000	—	—	15000	7500	56953
石河子	27680	40000	30000	21644	—	23433
阿拉尔	30000	300	24000	20000	6850	15140
五家渠	29000	1298	30000	31000	4649	6498
金州	30609	5011	25018	27736	2740	3600
旅顺	42644	16309	28000	25270	6270	8700
即墨	19593	24889	13600	10500	2587	25600
慈溪	52600	2052	40000	24283	200	6974

四、国家农业科技园区创新能力监测指标解释

1.园区品牌总数

指园区内（包括入驻企业）现有产品品牌数量总和。

2.当年取得的地理标识产品数

产自特定地域，质量、声誉或其他特性取决于该产地的自然因素和人文因素，经审核批准以地理名称进行命名的产品数量。

3.当年通过审定的植物新品种数

通过审定（含省级审定）的培育的新品种，包括农作物、食用（及工业用等）菌、牧草、水生植物等。

4.当年通过审定的畜禽水产新品种数

同上。

5.当年引进的植物新品种数

须是通过省级以上审定的植物新品种，包括农作物、食用（及工业用等）菌、牧草、水生植物等。

6.当年引进的畜禽水产新品种数

指年度内单位引进的、通过省级以上（含省级）审定的畜禽水产新品种及配套系数量。

7.当年推广植物新品种数

指年度内园区引进成功，进行示范推广的、通过省级以上（含省级）审定的植物新品种，包括农作物、食用（及工业用等）菌、牧草、水生植物等。

8.当年推广畜禽水产新品种数

指年度内园区引进成功，进行示范推广的、通过省级以上（含省级）审定的畜禽水产新品种配套系数量。

9.当年引进新技术、新产品和新设施数量

指年度内园区引进的新技术数量（如套袋苹果、梨优质高效栽培技术等）、新产品数量（含化肥、农药、农膜、农机、兽药、饲料等农资有关产品）与新设施（主要包括自动化、智能化、机械化程度高的温室/大棚、畜禽舍、有围网/网箱、菇房等）的数量之和。

10.当年推广新技术、新产品和新设施数

指年度内园区示范推广的新技术、新产品（含化肥、农药、农膜、农机、兽药、饲料等农资有关产品）与新设施（包括自动化、智能化、机械化程度高的温室/大棚、畜禽舍、有围网/网箱、菇房等）的数量之和。

11.年度R&D投入总额

园区以及园区内本年度各级政府及入驻企业R&D投入。

12.研发人员数

园区内企业和科研单位（包括园区管委会）直接从事研发活动的人员，以及从事科技行政管理、科技服务的工作人员。

13.园区高新技术企业数

是指经正式认定并颁发高新技术企业证书（加盖科技、财政、税务部门公章），且在有效期内的科技型企业。

14.园区大型仪器设备原值总额

统计园区自身及园区内企业购买时市场价值在10万元人民币以上的用于科研的仪器设备原值总额。

15.投资机构数

指园区内的各类投融资机构，以及园区外当年对园区开展金融服务的机构数。

16.电商平台数

指为园区或园区内企业提供服务的各类电商平台，包括自建平台与公用平台（如天猫、京东、企业主页等）。

17.园区管委会信息化投入

信息化基本建设费与信息化运维管理费之和。

18.年度投资总额

年度园区及社会各方（如政府、银行及其他投融资主题等）对园区及园区内企业的投融资总额。

19.园区拥有研发中心数

统计园区自身及园区内企业拥有的研发中心数量。

20.在孵企业数

统计园区本年度作为孵化器在孵、毕业和新增的孵化企业数量。其中，在孵企业数指当前以园区孵化器进行孵化发展的企业数量；毕业企业数指园区本年度孵化毕业的企业数量；新增孵化数指园区本年度新增的孵化企业数量。

21.技术性收入

园区内所有企业本年度的技术性收入之和。技术性收入包括成果转让、技术培训、科技服务、专利转让、技术咨询等活动取得的收入。

22.生产资料类销售收入

园区内所有企业在本年度的生产资料类产品销售收入，此数据只针对农业生产资料生产企业，包括农机、农药、肥料、饲料等。

23.主营业务收入

园区内所有企业年度主营业务收入之和。

24.本年度举办的技术培训次数

包括园区内企业与园区本年度举办的技术培训总次数。

25.本年度接待参观考察次数

包括园区内企业与园区本年度接待参观考察的总次数。

26.园区当年从业人数

统计园区自身及园区内企业当年从业半年以上（长期）的人员总数。

国家可持续发展实验区

第三部分

创新能力监测报告

一、国家可持续发展实验区的发展历程和现状

（一）国家可持续发展实验区的缘起和发展历程

1978年党的十一届三中全会以后，中国经济快速发展，尤其是东部地区新的机制和体制释放出了巨大的生产力，经济发展显现出勃勃生机。然而，在经济快速发展的同时，一些新的问题开始出现，如贫富差距逐渐拉大、环境问题日益凸显、住房通信和交通等基础设施明显不足。在此背景下，1986年原国家科委联合城乡建设部等14个部门和单位，按照“自我设计”“自加压力”“自我发展”的原则，在中国东部选择若干经济发展比较快的地区开展“社会发展综合示范试点”工作。综合示范试点的主要任务是在先进的科学技术指导下，科学地制定地区社会发展总体规划，全面提高人的身体素质、思想政治素质、科学文化素质，实现经济、社会、生态效益的综合提高，物质文明和精神文明的同时建设，三次产业协调发展，为建设有中国特色的社会主义做出有益探索。该项试点最早在江苏常州市和锡山市华庄镇进行，经过三年的试点，到1989年即取得显著的成效，对促进地方社会发展产生了积极的影响。

1992年，原国家科委在总结社会发展综合示范试点工作的基础上，提出要逐步建立一批社会发展综合实验区，原国家科委、国家体改委联合国务院有关部、委、局、办出台了《关于建立社会发展综合实验区的若干意见》（以下简称《若干意见》），建立了由国家科委、国家体改委牵头，会同国务院有关部门组成的协调领导小组，设立了社会发展综合实验区管理办公室，明确建立社会发展综合实验区主要以县镇和大

城市的街区为对象，主要建设任务是加强科技开发和成果推广应用工作，积极探索与商品经济相适应的社会事业管理运行机制，增强社会事业自我积累、自我发展的能力，建立与现代社会发展相适应的新型社会服务模式。在《若干意见》的指导和多部门的联合推动下，社会发展综合实验区在全国快速发展。截至1996年年底，共批准国家级社会发展综合实验区26个，省级实验区45个。

1992年，巴西里约热内卢召开的联合国环境与发展大会把可持续发展列为人类迈向21世纪的共同发展战略，会议通过了《里约宣言》《21世纪议程》。1994年3月，中国政府率先制定了全球第一个国家级21世纪议程——《中国21世纪议程——中国21世纪人口、环境与发展白皮书》。1997年12月，社会发展综合实验区协调领导小组向国务院有关领导汇报了实验区的工作，得到了国务院领导的肯定。会议认为，进一步推广实验区的成功经验是实施好可持续发展战略这件大事的有效途径，对贯彻“可持续发展”战略和“科教兴国”战略，推动经济与社会协调发展有重要意义。会议同意将“社会发展综合实验区”更名为“可持续发展实验区”，实验区工作进入了以实施可持续发展战略、促进地方21世纪议程为主要内容的建设阶段。

进入21世纪之后，为加强实验区的建设和管理，科技部先后组织制定了《国家可持续发展实验区管理办法》，发布了《国家可持续发展实验区工作指南》，进一步明确了开展实验区工作的目标：从中央和地方两个层次，选择具有代表性和示范性的市、县以及大城市的行政区，依靠科技进步、机制创新和制度建设，全面提高实验区的可持续发展能力，探索不同类型地区的经济、社会与人口、资源、环境协调和持续发展的新机制和新模式，逐步建立一批可持续发展的新型社区，为不同类型的地区提供示范，为中国的可持续发展积累经验。

经过30年持之不懈的推进，中国已建成了一批各具特色的国家可持续发展实验区，在大城市改造、小城镇建设、城乡一体化、社区管理、环境保护及资源可持续利用、生态保护和修复、循环经济、资源型城市发展、旅游资源的可持续开发与保护等许多方面积累了丰富的经验，探索形成了一些新的发展模式和机制，取得了很大的成效，并产生了显著的国际影响，成为中国实施可持续发展战略的一张靓丽名片。

（二）国家可持续发展实验区的建设现状

截至2016年10月，在中央各有关部门和地方政府的共同努力下，已建立国家可持续发展实验区189个，分布在全国31个省（区、市）。从地区分布看，国家可持续发展实验区主要集中在东部，占比近一半。

按照行政区划类型不同，除山东省黄河三角洲和山东省潍坊市高新技术产业开发区之外，国家可持续发展实验区可以分为县域型、城区型、地级市型和乡镇型等4类。

（三）国家可持续发展实验区建设的主要成就

国家可持续发展实验区经过多年的科学探索和实践，取得了显著成就。主要体现在三个方面。

一是促进了可持续发展理念在国内的普及，支撑了国家可持续发展战略的形成。创建初期，全国总的发展思路是集中精力搞经济建设，而实验区工作则提出了依靠科技进步和体制机制改革，实现经济与社会、人口、资源、环境协调发展。这一理念不仅当时在国内是先进的，与国际上发展理念的创新也是同步的。正是这种前瞻性的探索，为中国在1992年联合国环发大会上郑重承诺走可持续发展道路做了铺垫。环发大会后，实验区通过广泛开展宣传培训等活动，使地方干部和公众很快了解和接受了可持续发展理念，为国家可持续发展战略的形成提供了理论先导和实践基础。

二是促进了区域发展的协调性，探索出了一批具有示范推广意义的可持续发展模式。实验区工作没有沿用传统的靠财政拨款搞实验、靠政策优惠搞开发的方式，而是采用技术推广应用和制度改革创新这两个手段开展工作，探索出了“政府组织、专家指导、企业支持、公众参与”的合作共建机制。实验区还充分发挥科技对经济社会发展和环境保护的支撑作用，在社会治理、健康促进、产业转型升级、资源循环利用等领域探索形成了一批具有创新性的可持续发展模式，成为国家可持续发展战略实施的一面旗帜。

三是发挥了向世界展示中国可持续发展做法和成就的窗口作用。在2002年、2012

年出版的《中华人民共和国可持续发展国家报告》中，均以独立章节介绍了实验区建设的做法和成效。在2011年外交部与国家发改委共同举办联合国可持续发展大会高级别研讨会期间，专门安排与会各国代表听取实验区建设的经验做法，并实地考察了部分实验区。在《中国实施千年发展目标报告（2000—2015年）》中，将实验区建设作为中国推进实施千年发展目标的一条基本经验，得到了国际社会的高度认可。

二、国家可持续发展实验区创新能力监测指标体系

（一）创新能力监测指标体系构建原则

实验区创新，属于区域创新的范畴，主要是通过科技创新和管理创新，支撑引领区域经济、社会和环境的协调发展。依据实验区特点及创新能力内涵，国家可持续发展实验区创新能力监测指标体系构建遵循如下原则：

（1）系统性。监测指标体系要尽可能覆盖实验区创新能力建设相关的各个方面，各个指标的概念要清晰，指标之间的纵向关系逻辑清楚，横向之间界限分明，具有体系完整性、逻辑一致性。

（2）规范性。监测指标尽量从全国各级各类统计年鉴中选取，尽可能与统计指标名称和统计计算口径相一致，保障数据的易获得性和可核查性。

（3）简约性。在保障系统性的基础上，监测指标数量和指标体系的层次尽可能少，避免指标体系过于庞杂。

（4）导向性。通过监测指标不仅要了解当前实验区建设的现状和水平，还要积极发挥监测的导向作用，设计有特色的引导性指标。

（二）实验区创新能力监测指标体系

依据国家可持续发展实验区的特点和实验区创新能力监测指标体系的构建原则，充分考虑数据的可获得性和获取数据的质量，实验区创新能力监测指标体系包含创新驱动、经济发展、民生改善和资源环境等4个一级指标以及33个二级指标。各指标的

解释见后述。

表3-1 国家可持续发展实验区创新能力监测指标体系

一级指标	二级指标	
	序号	指标名称
创新驱动	1	研究与试验发展经费投入（万元）
	2	研究与试验发展人力投入（人）
	3	专利授权数（件）
	4	技术市场成交额（万元）
	5	高新技术产业产值（万元）
	6	科学技术进步贡献率（%）
	7	互联网普及率（%）
经济发展	8	城镇登记失业率（%）
	9	亿元GDP生产安全事故死亡率（人/亿元）
	10	万元GDP能耗（吨标煤/万元）
	11	万元GDP水耗（吨/万元）
民生改善	12	居民人均可支配收入增长率（%）
	13	社会消费品零售额（万元）
	14	人口平均预期寿命（岁）
	15	每万人口受理案件数（起/万人）
	16	每千老年人口养老床位数（张/千人）
	17	基本养老保险参保率（%）
	18	劳动年龄人口平均受教育年限（年）
	19	城镇化率（%）
	20	城乡居民人均可支配收入比
	21	财政人口供养比例（%）
	22	国家贫困线以下人口数量（人）
资源环境	23	森林覆盖率（%）
	24	主城区人均公共绿地面积（平方米/人）

续表

一级指标	二级指标	
	序号	指标名称
资源环境	25	地表水达到或好于Ⅲ类水体比例（%）
	26	空气质量达到或好于二级以上天数（天）
	27	环保投资占财政支出比重（%）
	28	一般工业固体废物综合利用率（%）
	29	化学需氧量排放总量（吨）
	30	氨氮排放总量（吨）
	31	二氧化硫排放总量（吨）
	32	氮氧化物排放总量（吨）
	33	废水排放总量（万吨）

三、国家可持续发展实验区创新能力监测数据

（一）创新驱动监测数据

表3-2　2015年国家可持续发展实验区创新驱动监测数据

所属省（区、市）	实验区名称	研究与试验发展经费投入（万元）	研究与试验发展人力投入（人）	专利授权数（件）	技术市场成交额（万元）	高新技术产业产值（万元）	科技进步贡献率（%）	互联网普及率（%）
北京	怀柔区	6645	—	558	100000	1109000	0.9	83.4
	石景山区	13329	—	—	48400	—	—	75.0
	西城区	—	—	14917	3092000	—	—	—
	门头沟区	3005	—	235	6000	1096449	—	—
天津	东丽区	26578	—	1463	70043	4895400	71.0	100
	大港区	—	—	—	—	—	—	—

续表

所属省（区、市）	实验区名称	研究与试验发展经费投入（万元）	研究与试验发展人力投入（人）	专利授权数（件）	技术市场成交额（万元）	高新技术产业产值（万元）	科技进步贡献率（%）	互联网普及率（%）
河北	廊坊市	200000	6307	2962	243307	1702000	48.0	—
	平泉县	3650	1968	176	13145	46600	55.0	43.0
	武安市	93010	26879	268	6468	33572	60.0	64.2
	迁安市	21782	—	102	—	164084	—	—
	正定县	31321	2128	236	4378	411036	55.2	73.0
山西	长治市	176510	9343	826	125967	1735873	52.8	55.0
	朔州市朔城区	—	—	45	1560	—	50.4	57.3
	太原市迎泽区	—	—	—	—	—	—	—
	怀仁县	5232	269	39	1430	4500	50.2	57.0
	盂县	355	102	13	—	8500	60.0	90.0
	右玉县	1359	—	9	—	—	—	—
	泽州县	3189	7357	23	10922	66561	—	96.0
	太谷县	2340	2230	120	726	48369	59.4	—
内蒙古	鄂尔多斯市	345821	7668	550	1955	—	40.2	35.0
	赤峰市元宝山区	1310	2200	80	—	1010000	—	80.3
	呼和浩特市赛罕区	2505	—	404	—	—	—	—
	赤峰市红山区	—	—	91	—	—	—	74.2
	包头市	536081	22825	1577	20087	1050	55.0	95.4
	克什克腾旗	1683	274	18	—	—	—	18.5
	牙克石市	20500	15460	14	100	28100	—	26.8
辽宁	本溪市南芬区	30	—	1	2000	—	—	55.9
	沈阳市和平区	203029	—	1413	250900	—	—	—
	沈阳市沈北新区	521	410	402	1945	6955487	51.7	100
	沈阳市沈河区	—	—	1417	129000	75010	—	100
	沈阳市铁西区	227480	12657	964	—	5682051	—	—

续表

所属省（区、市）	实验区名称	研究与试验发展经费投入（万元）	研究与试验发展人力投入（人）	专利授权数（件）	技术市场成交额（万元）	高新技术产业产值（万元）	科技进步贡献率（%）	互联网普及率（%）
辽宁	大石桥市	6953	1720	163	4260	—	55.4	61.5
	西丰县	3200	212	18	1000	30000	46.7	80.0
吉林	白山市	5385	1301	134	3336	1530580	50.9	88.5
	四平市	14893	1106	93	1859	3096526	48.9	49.8
	辽源市	37504	1564	123	4370	1882400	57.0	99.9
	九台市	6247	668	224	2320	205631	55.0	72.5
黑龙江	大庆市	596700	13799	1969	100228	26270000	53.0	64.8
	牡丹江市阳明区	3792	144	44	1621	136275	55.0	50.3
	海林市	—	—	31	—	437779	—	100
	肇东市	280	325	328	—	1640000	49.2	62.0
上海	上海市徐汇区	974729	—	3452	749200	1701000	—	—
	上海市崇明区	668650	4067	523	7430	2499800	68.0	70.0
江苏	苏州市	1471900	46377	62263	487400	48680000	62.0	72.6
	常州市	—	—	—	—	—	—	—
	无锡市	—	—	—	—	—	—	—
	盐城市	—	—	—	—	—	—	—
	南京市鼓楼区	—	—	—	—	—	—	—
	南京市江宁区	—	—	—	—	—	—	—
	苏州市吴江区	—	—	—	—	—	—	—
	常熟市	511215	208754	3267	13695	14051000	61.7	72.5
	大丰市	105400	3520	1993	22000	3068200	53.6	—
	东海县	46050	—	673	—	—	—	51.2
	海门市	230400	8042	2401	—	8895000	—	88.1
	江阴市	847000	30285	7502	—	2436	62.0	—

续表

所属省（区、市）	实验区名称	研究与试验发展经费投入（万元）	研究与试验发展人力投入（人）	专利授权数（件）	技术市场成交额（万元）	高新技术产业产值（万元）	科技进步贡献率（%）	互联网普及率（%）
江苏	昆山市	—	—	—	—	—	—	—
	太仓市	244100	8281	2871	78066	7466000	—	—
	张家港市	586227	14444	6791	34100	14440000	61.7	71.3
	宜兴市	397400	6208	2975	3798	11176000	62.2	58.4
	沭阳县	88000	3727	1888	258	2240700	48.0	53.0
	如皋市	229200	26728	2326	5976	—	60.0	96.9
浙江	绍兴市	1012000	34800	33030	78689	23500000	—	—
	东阳市横店镇	30380	3272	401	3076	157	—	67.0
	宁波市邱隘镇	2817	269	118	66	19600	—	—
	绍兴市杨汛桥镇	3130	912	237	—	76047	—	—
	湖州市南浔区	88800	3047	2921	25000	3885100	—	—
	杭州市上城区	48900	1256	1404	133610	—	—	100
	杭州市下城区	64200	1788	3004	27200	318167	—	—
	浙江省嘉兴市南湖区	130562	5665	2209	6878	4172476	—	—
	安吉县	66100	2344	3005	6606	—	—	99.9
	宁海县	112197	7082	3219	1840	1853557	—	84.8
	遂昌县	7249.6	—	136	900	29337	—	20.2
	嘉兴市桐乡市	173500	4966	3257	7543	4186924	—	—
	温岭市	121100	6415	4709	25664	3248665	57.0	—
	嘉善县	117411	4633	7213	9368	3454327	—	—
安徽	铜陵市	210300	—	1409	28232	8173000		72.0
	合肥市包河区	151600	8600	2632	110470	1132000	57.4	92.2
	淮北市烈山区	1464	1200	64	—	259184	—	—
	安徽省淮南市毛集实验区	1142	1510	9	—	21297	55.3	48
	歙县	8694	1163	202	480	450000	50.1	100

续表

所属省（区、市）	实验区名称	研究与试验发展经费投入（万元）	研究与试验发展人力投入（人）	专利授权数（件）	技术市场成交额（万元）	高新技术产业产值（万元）	科技进步贡献率（%）	互联网普及率（%）
福建	龙岩市	251419	9907	2745	1154	7501100	—	—
	南平市	151845	6046	1863	1780	—	—	—
	厦门市思明区	19671	—	2278	180000	1120706	—	100
	将乐县	9100	108	310	800	76500	—	—
	东山县	12396	—	121	—	—	47.5	—
	惠安县	21094	819	1035	8565	1130988	—	17.6
	漳平市	11200	—	131	—	—	—	68.9
江西	赣州市章贡区	5069	—	865	—	837100	55.0	52.6
	婺源县	—	—	72	—	39482	48.0	42.0
	贵溪市	13652	2100	512	3117	1656982	51.3	99.1
	井冈山市	570	70	89	2000	15920	52.0	98.0
	泰和县	6075	238	276	2230	1054829	—	—
	崇义县	1418	—	119	—	187615	41.0	94.3
	资溪县	2106	19	39	100	1899	47.0	99.5
	鹰潭市龙虎山风景区	—	—	1	—	—	48.0	42.0
山东	东营市	873012	16400	—	146000	4645	—	—
	黄河三角洲	—	—	—	—	—	—	—
	日照市	204986	6389	1779	29074	5189200	—	—
	德州市德城区	—	—	1033	5670	—	—	—
	青岛市城阳区	12671	7961	460	86705	638	—	—
	青岛市黄岛区	775108	—	9906	121536	22550000	63.0	89.0
	潍坊高新技术产业开发区	166300	7376	2174	20400	4429800	—	75.6
	潍坊市峡山区	320	100	16	—	—	10.0	95.0
	烟台市牟平区	84700	—	195	5000	4969065	—	—
	枣庄市山亭区	10075	—	186	—	192000	56.0	—

续表

所属省（区、市）	实验区名称	研究与试验发展经费投入（万元）	研究与试验发展人力投入（人）	专利授权数（件）	技术市场成交额（万元）	高新技术产业产值（万元）	科技进步贡献率（%）	互联网普及率（%）
山东	长岛县	381	55	2	4800	—	60.0	80.0
	龙口县	43959	5600	395	62000	1645	—	80.4
	沂水县	58635	20406	292	1311	2260200	34.9	86.0
	沂源县	—	—	74	—	2950358	—	—
河南	济源市	88195	2479	420	1605	3811320	—	77.9
	辉县市孟庄镇	858	64	21	798	2675841	25.1	98.4
	郑州市竹林镇	160	9	18	—	486129	76.0	100
	濮阳市华龙区	23420	5994	306	3815	19780	52.0	48.6
	宝丰县	405	441	152	—	1142532	—	89.8
	鹤壁市	32226	1475	464	78	—	55.0	56.5
	林州市	70313	21600	170	13873	2405800	53.3	93.0
	孟州市	47960	19600	185	6900	2876200	62.0	55.2
	清丰县	8713	333	80	6750	126959	—	85.0
	嵩县	45000	2650	84	—	—	42.0	100
	鄢陵县	2600	415	59	—	751631	56.0	85.0
	淅川县	1788	660	92	817	492489	51.0	41.0
	信阳市平桥区	—	—	84	—	103012	—	54.5
湖北	襄阳市	726000	26055	2343	103100	31308000	56.5	67.0
	武汉市汉阳区	230000	—	487	156000	1080000	—	—
	武汉市江岸区	181600	2600	829	52500	1409100	67.50	85.0
	宜昌市点军区	11800	500	22	40000	405600	50.0	60.3
	长阳县	1503	150	85	5244	25	—	10.0
	谷城县	97133	2858	81	10200	2706501	56.0	13.1
	神农架林区	—	—	24	4650	—	—	92.0
	仙桃市	45400	2143	335	75276	2320000	—	65.0
	宜城市	26463	905	80	738	2728194	46.2	17.4
	英山县	1960	21200	24	1500	99320	60.0	63.4

续表

所属省（区、市）	实验区名称	研究与试验发展经费投入（万元）	研究与试验发展人力投入（人）	专利授权数（件）	技术市场成交额（万元）	高新技术产业产值（万元）	科技进步贡献率（%）	互联网普及率（%）
湖北	钟祥市	74588	12831	195	22965	2372000	56.2	10.6
	罗田县	6800	7371	14	14700	290000	—	28.0
湖南	华容县	1048	57	118	—	459000	—	90.8
	邵东县	46500	55000	219	64096	3714000	56.3	28.1
	韶山市	9872	1420	102	350	495033	42.0	90.0
	湘乡市	18600	—	146	18000	2941300	52.0	90.0
	永兴县	5355	—	111	4986	2409447	54.6	100
	资兴市	52190	—	118	903	2455633	54.0	50.0
	株洲市石峰区	268000	15589	981	—	7422511	—	64.5
	长沙市望城区	—	—	—	—	—	—	—
广东	东莞市清溪镇	37689	—	1118	—	2879000	—	—
	顺德市容桂镇	—	—	—	—	—	—	—
	佛山市禅城区	303040	—	3017	16500	1263200	—	—
	广州市天河区	—	—	—	—	—	—	—
	江门市新会区	—	—	—	—	—	—	—
	丰顺县	6548	553	249	6120	154000	—	41.0
	蕉岭县	—	—	—	—	—	—	—
	南雄市	3551	—	163	—	69570	—	69.1
	云安县	3830	847	65	—	5280	—	—
	东莞市	—	—	26820	—	—	58.9	80.6
广西	恭城县	1257	—	18	—	55058	—	51.0
海南	澄迈县	—	—	307	6879	303288	—	61.4
	白沙县	—	—	—	—	—	—	—
重庆	北碚区	99991	3636	1960	37576	4215000	—	—
	渝北区	—	—	—	—	—	—	—
	梁平县	11120	—	296	—	—	—	—

续表

所属省（区、市）	实验区名称	研究与试验发展经费投入（万元）	研究与试验发展人力投入（人）	专利授权数（件）	技术市场成交额（万元）	高新技术产业产值（万元）	科技进步贡献率（%）	互联网普及率（%）
重庆	万州区龙宝管委会	73583	2237	405	20832	—	51.6	—
四川	成都市金牛区	17309	1112	2541	220000	360	61.0	75.0
	乐山市五通桥区	587	9344	66	380	—	55.0	53.0
	泸州市江阳区	302	—	270	1661	1155000	—	74.2
	广安市广安区	757	9051	69	569	17050	49.6	55.6
	丹棱县	458	505	45	550	98600	50.0	71.0
	广汉市	11343	11458	470	2792	3112131	—	65.6
贵州	毕节市	9971	2705	335	10592	1478200	43.1	90.0
	贵阳市白云区	3000	—	607	245	—	81.8	80.0
	遵义市红花岗区	6074	9	257	—	24500	81.4	—
	贵阳市乌当区	13000	850	543	22585	1328899	83.12	46.0
	都匀市	1938	—	143	186	20000	80.9	50.2
	贵阳市清镇	3370	—	54	14560	63.39	61.8	92.0
云南	临沧市	7209	665	139	765	190412	46.5	74.5
	曲靖市麒麟区	3300	56	385	—	—	—	—
	陆良县	6095	472	5	—	33014	—	—
	永胜县	2837	—	44	918	85204	—	69.4
陕西	榆林市	27400	3444	949	20442	1050621	45.0	55.2
	宝鸡市渭滨区	134001	—	500	74600	—	56.0	—
	华阴市	9817	—	105	964	—	—	—
西藏	林芝市	—	—	—	—	—	—	—
甘肃	天水市秦州区	—	—	110	—	717745	55.6	59.5
	兰州新区	29900	356	52	—	1210000	42.0	88.0
	敦煌市	6744	219	38	—	—	56.0	65.0

续表

所属省（区、市）	实验区名称	研究与试验发展经费投入（万元）	研究与试验发展人力投入（人）	专利授权数（件）	技术市场成交额（万元）	高新技术产业产值（万元）	科技进步贡献率（%）	互联网普及率（%）
青海	海南州	2422	310	10	—	—	50.0	60.0
	海西州	21694	—	43	—	—	50.5	—
宁夏	中卫市沙坡头区	5132	161	—	68918	33765	—	—
	彭阳县	944	122	1	—	—	47.0	100
新疆	克拉玛依市	2578	—	531	—	202355	—	100
	阜康市	—	—	133	—	913059	—	—
	库尔勒市	8051	1240	211	2744	410000	53.5	51.0

（二）经济发展监测数据

表3-3　2015年国家可持续发展实验区经济发展监测数据

所属省（区、市）	实验区名称	城镇登记失业率（%）	亿元GDP生产安全事故死亡率（人/亿元）	万元GDP能耗（吨标煤/万元）	万元GDP水耗（吨/万元）
北京	怀柔区	2.1	2.10	0.47	1.59
	石景山区	2.5	0.69	0.66	13.20
	西城区	—	—	0.12	—
	门头沟区	3.8	0.01	0.46	34.60
天津	东丽区	3.4	—	1.07	1464.00
	大港区	—	—	—	—
河北	廊坊市	1.8	0.05	0.78	42.50
	平泉县	3.4	0.04	0.83	35.40
	武安市	1.0	0	0.85	25.18
	迁安市	3.0	0.05	1.74	—
	正定县	3.3	0	0.80	19.00
山西	长治市	1.9	0.10	1.81	32.34
	朔州市朔城区	2.9	0.03	1.42	—

续表

所属省（区、市）	实验区名称	城镇登记失业率（%）	亿元GDP生产安全事故死亡率（人/亿元）	万元GDP能耗（吨标煤/万元）	万元GDP水耗（吨/万元）
山西	太原市迎泽区	—	—	—	—
	怀仁县	1.7	0.02	—	—
	盂县	3.8	0.05	1.00	22.30
	右玉县	3.0	0.06	0.95	80.52
	泽州县	0.2	0.02	2.91	42.80
	太谷县	2.1	0	—	35.70
内蒙古	鄂尔多斯市	3.0	0.03	0.77	37.11
	赤峰市元宝山区	3.6	0.01	0.99	72.30
	呼和浩特市赛罕区	3.8	—	0.73	—
	赤峰市红山区	3.6	0.01	0.57	5.95
	包头市	3.9	0.01	1.06	28.00
	克什克腾旗	2.8	0.03	0.54	111.50
	牙克石市	3.7	—	1.26	—
辽宁	本溪市南芬区	4.1	0	0.79	149.00
	沈阳市和平区	2.9	0	0.47	—
	沈阳市沈北新区	2.2	0.01	0.70	37.90
	沈阳市沈河区	2.9	0.03	1.00	—
	沈阳市铁西区	3.2	0	—	—
	大石桥市	2.8	0.01	1.15	—
	西丰县	2.7	0.02	1.20	133.85
吉林	白山市	3.8	0.02	1.05	10.62
	四平市	3.6	0.03	0.60	122.60
	辽源市	3.4	0.01	0.73	8.58
	九台市	4.0	0.01	0.82	93.00
黑龙江	大庆市	4.1	0	0.80	80.00
	牡丹江市阳明区	4.3	0	0.84	139.63
	海林市	2.5	0.02	0.31	—
	肇东市	2.9	—	0.82	24.00

续表

所属省（区、市）	实验区名称	城镇登记失业率（%）	亿元GDP生产安全事故死亡率（人/亿元）	万元GDP能耗（吨标煤/万元）	万元GDP水耗（吨/万元）
上海	上海市徐汇区	—	0	0.10	—
	上海市崇明区	4.3	0.04	0.43	7.02
江苏	苏州市	1.9	0.04	0.54	57.21
	常州市	—	—	—	—
	无锡市	—	—	—	—
	盐城市	—	—	—	—
	南京市鼓楼区	—	—	—	—
	南京市江宁区	—	—	—	—
	苏州市吴江区	—	—	—	—
	常熟市	1.9	0.06	—	50.78
	大丰市	1.9	0	0.70	—
	东海县	1.8	0.17	0.74	11.20
	海门市	2.8	0	0.38	0.10
	江阴市	2.4	0.04	0.60	46.61
	昆山市	—	—	—	—
	太仓市	1.9	0.01	0.43	—
	张家港市	2.1	0.04	1.06	22.10
	宜兴市	2.2	0	0.70	47.00
	沭阳县	2.2	2.00	0.52	0.01
	如皋市	2.9	0.07	0.07	3.33
浙江	绍兴市	2.6	—	0.53	—
	东阳市横店镇	1.6	0.01	0.51	9.80
	宁波市邱隘镇	3.9	0	1.04	117.00
	绍兴市杨汛桥镇	2.8	0	1.37	20.97
	湖州市南浔区	2.7	0.16	0.52	5.89
	杭州市上城区	1.9	0	0.02	—
	杭州市下城区	—	—	—	—

续表

所属省（区、市）	实验区名称	城镇登记失业率（%）	亿元GDP生产安全事故死亡率（人/亿元）	万元GDP能耗（吨标煤/万元）	万元GDP水耗（吨/万元）
浙江	浙江省嘉兴市南湖区	3.0	0.01	2.30	29.75
	安吉县	2.6	0.19	0.42	90.30
	宁海县	2.1	1.21	0.39	—
	遂昌县	2.9	—	0.67	—
	嘉兴市桐乡市	2.9	0.42	0.62	3.71
	温岭市	—	0.17	0.36	40.82
	嘉善县	2.9	0.09	14.12	0.49
安徽	铜陵市	3.5	0.05	0.74	155.00
	合肥市包河区	4.3	0.04	0.33	1.06
	淮北市烈山区	4.0	0.06	1.40	15.40
	安徽省淮南市毛集实验区	4.5	0.12	0.85	152.00
	歙县	3.9	0.16	0.39	10.02
福建	龙岩市	2.5	0.06	0.68	21.00
	南平市	3.0	0.10	0.78	—
	厦门市思明区	3.2	0.02	—	—
	将乐县	2.4	0.12	—	—
	东山县	2.0	9.38	0.47	—
	惠安县	1.1	0.08	0.33	—
	漳平市	2.3	0.05	1.74	
江西	赣州市章贡区	4.5	0.01	0.45	—
	婺源县	4.6	0	0.16	40.80
	贵溪市	3.2	0.02	0.73	1.30
	井冈山市	3.0	0.01	0.61	30.90
	泰和县	4.0	—	0.51	10.53
	崇义县	3.2	0.03	0.44	163.32
	资溪县	3.5	0.06	0.37	—

续表

所属省（区、市）	实验区名称	城镇登记失业率（%）	亿元GDP生产安全事故死亡率（人/亿元）	万元GDP能耗（吨标煤/万元）	万元GDP水耗（吨/万元）
江西	鹰潭市龙虎山风景区	0.3	0	0.41	1.22
山东	东营市	2.2	0.04	—	29.18
	黄河三角洲	—	—	—	—
	日照市	2.0	0.03	1.06	30.60
	德州市德城区	3.5	3.20	0.68	41.00
	青岛市城阳区	2.1	0.02	0.28	7.32
	青岛市黄岛区	2.6	0.02	0.28	3.88
	潍坊高新技术产业开发区	2.3	0	—	—
	潍坊市峡山区	0.8	0	0.06	4.80
	烟台市牟平区	1.4	1.00	0.52	24.50
	枣庄市山亭区	2.6	—	0.96	26.80
	长岛县	1.4	0.02	0.25	3.54
	龙口县	1.1	0	0.58	14.22
	沂水县	1.6	0.06	0.76	14.01
	沂源县	2.5	—	—	—
河南	济源市	2.8	0.01	1.13	30.11
	辉县市孟庄镇	1.4	0	0.63	16.54
	郑州市竹林镇	3.2	—	0.95	2.90
	濮阳市华龙区	2.2	0	1.04	11.10
	宝丰县	3.1	0	0.45	—
	鹤壁市	1.7	0.01	1.01	70.30
	林州市	3.2	0	0.89	—
	孟州市	3.5	0.70	0.75	59.00
	清丰县	2.1	0.03	—	23.80
	嵩县	2.9	—	0.12	12.36
	鄢陵县	4.0	0	0.22	6.72

续表

所属省（区、市）	实验区名称	城镇登记失业率（%）	亿元GDP生产安全事故死亡率（人/亿元）	万元GDP能耗（吨标煤/万元）	万元GDP水耗（吨/万元）
河南	淅川县	4.6	1.01	0.79	163.00
	信阳市平桥区	2.4	—	1.68	66.00
湖北	襄阳市	3.3	0.03	0.66	100.56
	武汉市汉阳区	3.8	—	0.20	1.89
	武汉市江岸区	3.0	0.04	0.43	11.07
	宜昌市点军区	4.2	0.17	1.66	12.10
	长阳县	2.3	0.13	0.87	13.60
	谷城县	3.5	0	0.75	91.00
	神农架林区	2.5	0.33	0.62	87.00
	仙桃市	2.2	0.02	0.54	19.00
	宜城市	3.4	0.01	0.78	54.80
	英山县	3.6	0	0.88	121.00
	钟祥市	2.1	0.09	0.47	—
	罗田县	2.5	0.10	7.08	3.73
湖南	华容县	3.7	—	0.11	6.81
	邵东县	4.0	0	—	—
	韶山市	2.8	0.01	0.51	—
	湘乡市	4.1	0.05	0.67	—
	永兴县	3.6	0.01	062	1.04
	资兴市	3.6	0.01	0.65	29.97
	株洲市石峰区	3.3	—	0.75	—
	长沙市望城区	—	—	—	—
广东	东莞市清溪镇	1.8	0	0.23	24.16
	顺德市容桂镇	—	—	—	—
	佛山市禅城区	2.1	0.04	—	—
	广州市天河区	—	—	—	—
	江门市新会区	—	—	—	—
	丰顺县	2.4	0.07	0.56	300.00

续表

所属省（区、市）	实验区名称	城镇登记失业率（%）	亿元GDP生产安全事故死亡率（人/亿元）	万元GDP能耗（吨标煤/万元）	万元GDP水耗（吨/万元）
广东	蕉岭县	—	—	—	—
	南雄市	2.3	0.05	—	—
	云安县	2.5	0.04	—	—
	东莞市	2.3	0.08	0.45	31.80
广西	恭城县	3.6	11.40	0.64	—
海南	澄迈县	1.2	0.06	0.51	—
	白沙县	—	—	—	—
重庆	北碚区	1.8	0.04	—	117.00
	渝北区	—	—	—	—
	梁平县	3.4	—	0.39	62.00
	万州区龙宝管委会	—	—	—	—
四川	成都市金牛区	1.7	0.06	0.30	2.98
	乐山市五通桥区	3.9	1.45	1.64	122.80
	泸州市江阳区	2. 9	0.05	0.22	29.72
	广安市广安区	3.3	0.01	0.75	—
	丹棱县	3.9	9.00	1.16	75.00
	广汉市	3.8	0.02	0.75	—
贵州	毕节市	4.0	0.05	1.73	19.25
	贵阳市白云区	3.4	0	1.47	29.11
	遵义市红花岗区	—	—	1.24	—
	贵阳市乌当区	2.7	0.08	0.78	—
	都匀市	2.9	0.32	—	—
	贵阳市清镇	3.6	0.29	9.32	81.00
云南	临沧市	3.8	0.18	0.50	229.00
	曲靖市麒麟区	—	—	—	—
	陆良县	3.5	0.27	0.85	146.30
	永胜县	7.6	—	0.59	276.98

续表

所属省（区、市）	实验区名称	城镇登记失业率（%）	亿元GDP生产安全事故死亡率（人/亿元）	万元GDP能耗（吨标煤/万元）	万元GDP水耗（吨/万元）
陕西	榆林市	3.0	0.05	0.85	8.75
	宝鸡市渭滨区	3.1	0.01	0.55	—
	华阴市	3.5	0	—	—
西藏	林芝市	—	—	—	—
甘肃	天水市秦州区	3.2	28.00	0.48	38.70
	兰州新区	2.3	—	—	—
	敦煌市	2.8	0.13	0.61	349.18
青海	海南州	—	—	0.90	201.00
	海西州	2.5	0.15	1.78	136.90
宁夏	中卫市沙坡头区	3.7	—	3.48	—
	彭阳县	3.9	0.20	0.69	68.00
新疆	克拉玛依市	1.0	0.10	1.98	17.57
	阜康市	3.3	0.05	—	18.85
	库尔勒市	2.6	0.03	1.52	13.21

（三）民生改善监测数据

表3-4　2015年国家可持续发展实验区民生改善监测数据

所属（区、市）	实验区名称	居民人均可支配收入增长率（%）	社会消费品零售额（万元）	人口平均预期寿命（岁）	每万人口受理案件数（起/万人）	每千老年人口养老床位数（张/千人）	基本养老保险参保率（%）	劳动年龄人口平均受教育年限（年）	城镇化率（%）	城乡居民人均可支配收入比（%）	财政人口供养比例（%）	国家贫困线以下人口数量（人）
北京	怀柔区	9.3	1028700	78.92	40.00	10.2	99.4	12.7	66.4	1.67	5.78	0
	石景山区	8.3	2659998	82.12	—	31.9	98.0	—	100	—	—	—
	西城区	—	—	—	—	—	—	—	100	—	—	—
	门头沟区	—	575495	—	0.01	31.0	81.7	—	86.7	—	—	—

续表

所属（区、市）	实验区名称	居民人均可支配收入增长率（%）	社会消费品零售额（万元）	人口平均预期寿命（岁）	每万人口受理案件数（起/万人）	每千老年人口养老床位数（张/千人）	基本养老保险参保率（%）	劳动年龄人口平均受教育年限（年）	城镇化率（%）	城乡居民人均可支配收入比（%）	财政人口供养比例（%）	国家贫困线以下人口数量（人）。
天津	东丽区	11.1	2262000	82.36	38.60	28.0	100	14.0	90.0	—	—	—
	大港区	—	—	—	—	—	—	—	—	—	—	—
河北	廊坊市	9.0	7963816	—	—	30.0	95.0	—	55.0	2.43	3.50	0
	平泉县	9.1	540208	73.00	21.94	32.0	95.3	10.2	45.0	2.40	0.03	58100
	武安市	8.7	1517592	76.20	14.11	19.9	96.7	15.0	48.4	2.36	2.71	24379
	迁安市	—	2232000	—	89.90	34.0	96.3	—	54.8	1.74	2.87	—
	正定县	8.2	1170000	76.20	—	5.0	95.0	10.4	54.2	1.72	2.49	3736
山西	长治市	7.5	5244100	72.86	24.74	43.5	98.8	10.5	50.0	2.38	6.97	217800
	朔州市朔城区	—	918000	—	48.00	3.4	95.0	—	—	—	—	—
	太原市迎泽区	—	—	—	—	—	—	—	—	—	—	—
	怀仁县	6.7	616973	75.20	37.00	16.0	99.0	—	57.0	6.70	1.11	669
	盂县	9.2	456896	74.80	17.60	15.5	97.0	10.6	40.0	2.28	11.80	2106
	右玉县	7.1	146000	73.40	12.35	—	100	9.0	51.8	7.30	—	18008
	泽州县	7.4	361189	—	58.20	12.0	99.5	—	45.5	2.24	3.00	11730
	太谷县	8.3	336004	—	—	46.0	99.4	—	45.8	1.68	3.0	2789
内蒙古	鄂尔多斯市	7.7	6603243	—	129.50	60.0	91.0	—	73.1	2.59	8.65	14000
	赤峰市元宝山区	0.1	803515	74.50	—	30.0	98.0	—	75.6	1.86	3.60	5609
	呼和浩特市赛罕区	8.5	1872527	—	—	—	—	—	—	—	2.83	1459
	赤峰市红山区	8.2	1273611	—	—	24.0	85.0	—	95.1	1.87	3.36	3058

续表

所属（区、市）	实验区名称	居民人均可支配收入增长率（%）	社会消费品零售额（万元）	人口平均预期寿命（岁）	每万人口受理案件数（起/万人）	每千老年人口养老床位数（张/千人）	基本养老保险参保率（%）	劳动年龄人口平均受教育年限（年）	城镇化率（%）	城乡居民人均可支配收入比（%）	财政人口供养比例（%）	国家贫困线以下人口数量（人）
内蒙古	包头市	8.1	12765735	78.51	60.95	37.0	88.9	12.6	82.6	2.79	18.61	13800
	克什克腾旗	8.3	299800	73.86	0.01	11.2	92.6	—	27.0	2.64	19.11	17123
	牙克石市	8.4	591385	—	0.76	—	100	—	92.7	—	35.14	—
辽宁	本溪市南芬区	6.7	47601	—	1.00	48.6	92.8	12.0	—	—	4.79	2893
	沈阳市和平区	7.1	7945314	81.32	70.49	12.6	99.0	—	100	—	0.03	0
	沈阳市沈北新区	7.6	884543	78.10	0.89	—	95.0	12.5	39.2	2.24	4.02	2624
	沈阳市沈河区	7.3	10417680	80.01	0.02	9.7	100	—	—	—	2.70	0
	沈阳市铁西区	7.0	5831654	74.02	84.52	8.7	—	—	—	—	1.82	—
	大石桥市	4.7	1273000	76.35	26.00	10.0	45.3	10.7	32.0	1.67	2.55	3140
	西丰县	7.0	340958	75.00	9.43	—	94.0	10.0	28.0	—	3.90	41900
吉林	白山市	8.7	2661900	79.19	53.46	31.5	17.1	10.2	70.5	—	—	24014
	四平市	17.4	5613593	76.03	54.65	35.0	86.6	10.2	36.6	1.89	3.57	33261
	辽源市	6.7	2067431	75.60	105.10	31.10	56.7	10.0	52.3	2.55	4.88	45486
	九台市	8.4	1258765	—	—	29.0	—	—	26.9	1.68	3.77	12765
黑龙江	大庆市	6.5	10376135	76.60	109.30	25.0	93.9	—	51.3	2.60	3.91	46400
	牡丹江市阳明区	7.8	428619	76.60	14.00	36.0	100	—	51.8	1.81	0.02	10000
	海林市	8.6	53415	81.26	38.90	35.6	99.0	—	67.6	1.57	8.40	—
	肇东市	7.5	1281450	78.00	0	136.0	97.0	15.7	32.3	1.80	2.50	20000
上海	上海市徐汇区	—	5998500	84.50	354.83	24.6	87.8	—	100	—	—	—

续表

所属（区、市）	实验区名称	居民人均可支配收入增长率（%）	社会消费品零售额（万元）	人口平均预期寿命（岁）	每万人口受理案件数（起/万人）	每千老年人口养老床位数（张/千人）	基本养老保险参保率（%）	劳动年龄人口平均受教育年限（年）	城镇化率（%）	城乡居民人均可支配收入比（%）	财政人口供养比例（%）	国家贫困线以下人口数量（人）
上海	上海市崇明区	13.3	546995	80.93	52.73	18.0	100	12.1	44.0	2.41	2.52	0
江苏	苏州市	8.1	18894233	82.87	99.76	43.5	99.0	15.4	84.9	1.97	2.49	0
	常州市	—	—	—	—	—	—	—	—	—	—	—
	无锡市	—	—	—	—	—	—	—	—	—	—	—
	盐城市	—	—	—	—	—	—	—	—	—	—	—
	南京市鼓楼区	—	—	—	—	—	—	—	—	—	—	—
	南京市江宁区	—	—	—	—	—	—	—	—	—	—	—
	苏州市吴江区	—	—	—	—	—	—	—	—	—	—	—
	常熟市	8.3	6756392	82.42	48.78	40.0	99.0	—	67.1	1.95	—	0
	大丰市	9.1	1555800	80.25	40.01	41.8	96.6	12.7	57.8	1.60	3.30	—
	东海县	9.2	1562104	—	41.26	32.9	96.2	11.9	49.8	1.90	1.63	0
	海门市	9.1	311480	80.98	6.54	35.0	98.2	—	57.3	1.97	1.89	31714
	江阴市	8.2	7051630	81.47	0.02	40.3	99.8	—	69.4	1.95	—	—
	昆山市	—	—	—	—	—	—	—	—	—	—	—
	太仓市	8.1	2625817	83.16	71.79	40.9	100	10.3	66.3	1.96	—	—
	张家港市	8.0	4948700	82.52	179.12	44.6	99.4	15.7	67.0	1.97	8.97	—
	宜兴市	8.3	5069600	82.05	1.33	36.0	26.9	9.8	64.7	1.95	2.18	—
	沭阳县	9.0	1754900	79.31	96.42	41.0	96.2	10.0	53.4	1.71	2.42	—
	如皋市	8.8	3089900	80.96	150.14	32.1	99.5	14.0	55.3	2.17	2.65	—
浙江	绍兴市	8.3	16210630	80.61	—	—	—	—	63.2	1.82	—	—
	东阳市横店镇	10.1	600000	77.90	67.00	20.1	100	10.2	68.4	1.42	—	—

续表

所属（区、市）	实验区名称	居民人均可支配收入增长率（%）	社会消费品零售额（万元）	人口平均预期寿命（岁）	每万人口受理案件数（起/万人）	每千老年人口养老床位数（张/千人）	基本养老保险参保率（%）	劳动年龄人口平均受教育年限（年）	城镇化率（%）	城乡居民人均可支配收入比（%）	财政人口供养比例（%）	国家贫困线以下人口数量（人）
浙江	宁波市邱隘镇	11.2	141400	80.40	274.00	15.0	95.5	10.5	61.6	2.11	1.30	0
	绍兴市杨汛桥镇	—	95325	75.00	66.00	11.0	67	8.8	63.5	—	2.21	0
	湖州市南浔区	8.7	1381800	—	79.81	18.1	96.8	—	38.9	1.68	1.57	0
	杭州市上城区	8.3	3418100	85.96	111.00	25.1	—	—	100	—	3.14	0
	杭州市下城区	8.3	9162747	—	211.36	42.0	—	—	100	—	—	0
	浙江省嘉兴市南湖区	8.2	2367070	81.35	106.20	30.1	98.3	11.0	84.5	1.58	1.37	0
	安吉县	8.3	1235601	—	13.22	56.4	91.6	—	36.9	1.74	3.51	—
	宁海县	9.0	1696230	80.12	13.18	0.3	38.3	—	58.0	1.82	1.94	—
	遂昌县	9.1	424903	—	121.60	—	95.0	—	47.7	2.39	—	—
	嘉兴市桐乡市	—	2988361	82.03	15.18	—	99.2	9.0	56.2	1.63	—	—
	温岭市	8.5	4738900	78.00	290.00	8.1	27.4	9.3	60.0	0.53	2.07	12233
	嘉善县	8.0	1681695	—	0.95	40.0	99.9	—	56.3	1.71	2.52	—
安徽	铜陵市	8.6	2088100	77.20	255.70	25.3	65.7	—	79.4	1.50	—	—
	合肥市包河区	9.2	4393000	79.30	132.00	88.0	100	—	—	1.80	2.10	—
	淮北市烈山区	8.4	249067	—	83.24	5.3	58.0	—	37.2	2.43	4.15	1355

续表

所属（区、市）	实验区名称	居民人均可支配收入增长率（%）	社会消费品零售额（万元）	人口平均预期寿命（岁）	每万人口受理案件数（起/万人）	每千老年人口养老床位数（张/千人）	基本养老保险参保率（%）	劳动年龄人口平均受教育年限（年）	城镇化率（%）	城乡居民人均可支配收入比（%）	财政人口供养比例（%）	国家贫困线以下人口数量（人）
安徽	安徽省淮南市毛集实验区	6.8	112955	76.20	100.80	28.0	41.5	8.0	44.6	1.92	1.20	2444
	歙县	8.5	608811	75.90	71.50	24.4	99.8	8.1	45.5	2.03	3.26	25446
福建	龙岩市	9.3	6395800	—	60.43	31.3	82.8	9.1	52.6	2.13	—	69000
	南平市	8.8	5038466	—	63.82	30.2	—	10.5	54.0	2.13	4.74	—
	厦门市思明区	7.9	4182800	80.28	178.00	—	100	—	100	—	1.20	0
	将乐县	8.6	204000	—	—	22.0	—	—	52.0	2.20	—	—
	东山县	9.1	345852	—	4.50	—	100	10.6	55.5	1.75	—	0
	惠安县	7.1	1627100	—	4.00	24.0	85.7	—	55.4	2.21	—	11204
	漳平市	7.7	—	—	—	32.9	95.9	—	53.7	2.01	4.40	8677
江西	赣州市章贡区	12.8	2314464	—	12.00	35.0	—	—	78.5	2.56	2.53	6939
	婺源县	10.2	431808	73.10	46.68	16.7	99.0	—	44.2	2.07	2.97	10370
	贵溪市	9.7	572446	74.60	2.42	6.0	95.9	8.6	47.1	2.17	18.70	3952
	井冈山市	13.6	209100	76.00	18.70	28.5	58.9	9.1	61.9	—	8.30	15008
	泰和县	8.8	368327	72.90	—	—	98.1	—	—	2.01	—	17987
	崇义县	11.9	135490	73.60	35.10	41.0	91.0	10.5	41.2	2.78	0.03	13341
	资溪县	2.0	101030	78.10	363.00	28.0	99.0	—	52.6	1.91	—	2456
	鹰潭市龙虎山风景区	10.5	—	74.00	0.70	17.0	100	—	19.0	2.07	2.98	1137

续表

所属（区、市）	实验区名称	居民人均可支配收入增长率（%）	社会消费品零售额（万元）	人口平均预期寿命（岁）	每万人口受理案件数（起/万人）	每千老年人口养老床位数（张/千人）	基本养老保险参保率（%）	劳动年龄人口平均受教育年限（年）	城镇化率（%）	城乡居民人均可支配收入比（%）	财政人口供养比例（%）	国家贫困线以下人口数量（人）
山东	东营市	4.9	7280500	—	—	—	100	—	65.5	2.79	—	—
	黄河三角洲	—	—	—	—	—	—	—	—	—	—	—
	日照市	9.1	6038729	76.81	27.01	30.3	91.5	—	54.8	2.13	—	25136
	德州市德城区	14.2	—	77.50	13.50	—	100	9.8	—	1.87	—	4117
	青岛市城阳区	8.5	2122932	80.52	—	45.0	99.6	11.2	80.0	2.42	1.61	0
	青岛市黄岛区	9.2	4590200	81.40	—	35.0	99.0	11.1	74.1	2.37	—	0
	潍坊高新技术产业开发区	8.4	1398213	78.50	2.67	52.0	92.0	—	—	2.03	2.26	—
	潍坊市峡山区	13.7	238800	79.40	15.00	13.7	95.0	9.0	13.3	—	0.80	5735
	烟台市牟平区	—	1550810	76.50	12.00	23.0	99.5	—	56.1	2.15	—	5082
	枣庄市山亭区	-39.9	—	78.96	0.20	35.0	98.1	9.0	50	1.88	2.40	21541
	长岛县	8.6	188925	77.88	1.00	—	96.0	13.0	—	1.50	8.20	0
	龙口县	8.4	—	79.78	9.41	34.0	100	10.3	65.9	2.17	—	0
	沂水县	9.6	1835000	77.90	15.23	—	100	16.8	45.0	—	2.54	70557
	沂源县	9.5	1339212	—	—	—	63.8	—	—	—	2.90	—
河南	济源市	8.6	1362851	74.60	—	22.0	94.3	11.0	58.0	1.83	0.08	8007
	辉县市孟庄镇	10.0	119223	74.68	—	0.02	99.4	12.0	58.3	—	—	66

续表

所属（区、市）	实验区名称	居民人均可支配收入增长率（%）	社会消费品零售额（万元）	人口平均预期寿命（岁）	每万人口受理案件数（起/万人）	每千老年人口养老床位数（张/千人）	基本养老保险参保率（%）	劳动年龄人口平均受教育年限（年）	城镇化率（%）	城乡居民人均可支配收入比（%）	财政人口供养比例（%）	国家贫困线以下人口数量（人）
河南	郑州市竹林镇	12.0	1680	83.00	0	36.0	100	10.6	100	—	7.90	0
	濮阳市华龙区	7.4	846000	77.00	31.00	27.0	98.0	10.0	90.3	—	3.80	3062
	宝丰县	—	470659	—	67.52	25.0	97.2	7.2	39.0	—	3.32	16582
	鹤壁市	9.6	—	75.60	108.01	23.0	72.3	10.2	55.7	1.89	3.15	51081
	林州市	6.8	1055771	76.30	65.21	10.1	98.0	14.0	49.5	1.57	2.98	18369
	孟州市	7.1	730100	75.23	88.00	21.0	98.6	9.9	52.8	1.77	3.70	7900
	清丰县	9.3	676988	74.90	32.80	2.2	97.7	11.6	26.5	1.80	—	32639
	嵩县	—	695261	72.50	—	—	96.0	6.7	31.1	—	—	59800
	鄢陵县	9.9	667979	76.50	37.06	16.1	98.8	9.5	37.3	1.80	2.18	14800
	淅川县	11.6	938333	75.60	19.60	28.0	83.0	9.8	38.5	2.66	3.70	—
	信阳市平桥区	9.7	1182897	74.00	—	7.2	67.5	—	53.2	2.22	—	—
湖北	襄阳市	9.3	11651000	—	47.64	31.0	95.2	10.9	57.3	1.92	10.48	219800
	武汉市汉阳区	9.67	4666900	81.50	0.01	—	100	—	100	—	3.32	—
	武汉市江岸区	10.5	5415065	80.55	321.40	0.6	82.3	13.0	100	—	3.12	10330
	宜昌市点军区	8.7	142531	77.72	0.05	80.0	97.6	15.0	29.3	2.70	1.88	9822
	长阳县	9.5	431132	77.40	20.16	18.0	99.0	9.4	31.4	2.76	2.69	76246
	谷城县	9.8	942362	76.51	0.01	31.0	94.7	—	46.0	1.93	3.30	33901
	神农架林区	9.0	135360	76.00	0.16	33.0	98.0	10.8	48.3	2.82	—	—
	仙桃市	0.1	2661700	75.00	41.00	22.0	99.9	13.1	54.6	1.70	0.02	60962

续表

所属（区、市）	实验区名称	居民人均可支配收入增长率（%）	社会消费品零售额（万元）	人口平均预期寿命（岁）	每万人口受理案件数（起/万人）	每千老年人口养老床位数（张/千人）	基本养老保险参保率（%）	劳动年龄人口平均受教育年限（年）	城镇化率（%）	城乡居民人均可支配收入比（%）	财政人口供养比例（%）	国家贫困线以下人口数量（人）
湖北	宜城市	9.5	931802	77.86	31.59	30.0	99.8	9.8	47.2	1.69	4.75	20288
	英山县	—	325100	75.60	25.00	2.9	64.5	—	38.3	—	2.63	109000
	钟祥市	9.1	1694200	78.92	34.38	20.9	100	10.8	53.9	1.71	2.49	55516
	罗田县	9.0	607500	—	27.46	28.9	—	9.0	39.8	—	2.10	83107
湖南	华容县	10.1	914800	74.80	16.90	35.2	100	9.2	45.3	1.50	3.11	0
	邵东县	10.7	—	75.17	—	11.3	—	—	49.2	—	—	73073
	韶山市	10.0	183600	74.50	33.70	32.0	91.2	10.8	47.1	1.58	27.6	—
	湘乡市	—	904798	—	56.00	41.4	38.0	9.7	39.0	—	3.14	30789
	永兴县	8.9	709000	75.89	70.30	32.5	99.6	10.2	47.8	1.79	1.26	1262
	资兴市	9.2	716889	77.02	136.00	38.0	83.9	9.8	62.4	1.70	4.30	11360
	株洲市石峰区	8.3	462000	—	—	—	12.9	—	97.8	—	—	—
	长沙市望城区	—	—	—	—	—	—	—	—	—	—	—
广东	东莞市清溪镇	10.2	473008	—	8.90	18.5	85.0	—	—	—	—	—
	顺德市容桂镇	—	—	—	—	—	—	—	—	—	—	—
	佛山市禅城区	8.6	6293500	—	—	—	90.3	—	99	—	—	—
	广州市天河区	—	—	—	—	—	—	—	—	—	—	—
	江门市新会区	—	—	—	—	—	—	—	—	—	—	—
	丰顺县	9.7	450315	—	9.37	31.0	81.5	12.0	47.7	1.85	3.47	0
	蕉岭县	—	—	—	—	—	—	—	—	—	—	—
	南雄市	12.5	456260	77.66	0	—	100	10.5	45.9	1.87	—	0

续表

所属（区、市）	实验区名称	居民人均可支配收入增长率（%）	社会消费品零售额（万元）	人口平均预期寿命（岁）	每万人口受理案件数（起/万人）	每千老年人口养老床位数（张/千人）	基本养老保险参保率（%）	劳动年龄人口平均受教育年限（年）	城镇化率（%）	城乡居民人均可支配收入比（%）	财政人口供养比例（%）	国家贫困线以下人口数量（人）
广东	云安县	8.0	159863	—	13.00	—	100	—	—	—	1.83	—
	东莞市	8.2	21846996	80.10	113.92	30.7	96.97	9.96	88.8	1.60	—	0
广西	恭城县	7.2	236417	—	—	23.5	96.0	—	27.2	—	3.24	22386
海南	澄迈县	9.1	—	79.80	—	—	93.0	—	47.6	2.22	—	—
	白沙县	—	—	—	—	—	—	—	—	—	—	—
重庆	北碚区	8.6	1486853	78.80	2.45	30.4	—	12.5	80.0	2.09	2.57	—
	渝北区	—	—	—	—	—	—	—	—	—	—	—
	梁平县	—	788729	77.77	—	13.8	96.0	10.5	41.6	—	—	28045
	万州区龙宝管委会	—	2879819	—	—	—	—	—	62.4	—	—	—
四川	成都市金牛区	7.8	6792448	78.42	179.50	14.0	98.0	13.9	100	—	1.51	2827
	乐山市五通桥区	8.8	469444	77.03	25.60	18.0	92.8	6.6	52.7	2.33	6.64	4000
	泸州市江阳区	8.6	1630583	79.49	78.64	34.0	84.5	—	73.6	2.20	1.93	3264
	广安市广安区	9.1	1333827	76.88	90.00	27.0	56.0	10.5	45.4	2.40	4.90	12196
	丹棱县	9.0	184674	75.20	23.15	35.0	15.0	13.3	37.8	1.83	20.6	1496
	广汉市	7.8	1292385	75.60	—	14.3	92.0	8.5	50.0	1.98	5.06	13372
贵州	毕节市	8.9	3020000	75.46	2.45	6.7	92.1	8.0	38.0	3.33	—	1154000
	贵阳市白云区	8.6	431573	—	64.14	27.1	86.3	—	—	1.90	—	0
	遵义市红花岗区	—	1934275	—	—	10.6	—	—	—	2.40	—	—
贵州	贵阳市乌当区	8.1	247000	—	2523.00	38.9	99.7	8.3	71.1	1.94	4.22	1453

续表

所属（区、市）	实验区名称	居民人均可支配收入增长率（%）	社会消费品零售额（万元）	人口平均预期寿命（岁）	每万人口受理案件数（起/万人）	每千老年人口养老床位数（张/千人）	基本养老保险参保率（%）	劳动年龄人口平均受教育年限（年）	城镇化率（%）	城乡居民人均可支配收入比（%）	财政人口供养比例（%）	国家贫困线以下人口数量（人）
贵州	都匀市	10.3	—	77.62	27.56	2.9	89.2	11.7	56.6	2.81	—	—
	贵阳市清镇	11.0	404475	75.46	28.84	8.1	88.1	11.4	47.3	2.28	2.59	—
云南	临沧市	10.8	1545649	70.80	—	23.0	72.4	—	36.9	2.63	—	201292
	曲靖市麒麟区	8.7	1516469	—	—	—	99.2	—	—	2.36	—	—
	陆良县	—	429301.6	76.70	77.58	16.6	52.0	9.8	44.2	2.18	—	18287
	永胜县	10.0	162464	71.10	0.10	—	100	8.7	26.9	2.65	—	37647
陕西	榆林市	10.3	3964087	74.07	38.16	586.2	95.4	—	55.0	2.71	2.37	251654
	宝鸡市渭滨区	9.6	2002000	—	38.83	18.0	98.6	—	85.7	2.73	2.33	5813
	华阴市	9.3	253250	—	—	—	100	—	54.7	2.99	—	32300
西藏	林芝市	—	—	—	—	—	—	—	—	—	—	—
甘肃	天水市秦州区	—	—	—	55.62	31.0	94.7	10.6	54.3	—	13.75	—
	兰州新区	—	274700	—	180.02	—	—	—	—	—	6.71	—
	敦煌市	10.5	391500	74.00	—	33.0	—	—	63.8	1.90	3.40	2770
青海	海南州	4.9	71255	76.50	—	—	—	6.5	35.0	—	—	—
	海西州	9.6	815000	73.00	84.00	10.6	98.0	—	75.0	—	—	1707
宁夏	中卫市沙坡头区	8.5	333717	—	—	—	—	—	54.4	90.46	—	—
	彭阳县	9.0	72997	—	92.14	13.0	97.0	10.0	29.6	2.80	35.14	43548
新疆	克拉玛依市	4.8	588000	81.5	—	—	98.0	13.0	98.0	1.75	—	—
	阜康市	12.1	322382	—	1.12	33.8	100	10.9	—	1.56	4.33	1216
	库尔勒市	10.5	953000	73.9	67.20	10.5	96.7	9.8	73.5	1.48	8.56	2341

（四）资源环境监测数据

表3-5　2015年国家可持续发展实验区资源环境监测数据

所属省（区、市）	实验区名称	森林覆盖率（%）	主城区人均公共绿地面积（平方米/人）	地表水达到或好于Ⅲ类水体比例（%）	空气质量达到或好于二级以上天数（天）	环保投资占财政支出比重（%）	一般工业固体废物综合利用率（%）	化学需氧量排放总量（吨）	氨氮排放总量（吨）	二氧化硫排放总量（吨）	氮氧化物排放总量（吨）	废水排放总量（万吨）
北京	怀柔区	55.6	55.5	100	—	6.9	100	43800	—	—	—	—
	石景山区	51.3	18.4	—	174	2.5	—	37	1	972	1321	177
	西城区	30.4	8.0	—	—	—	100	—	—	—	—	—
	门头沟区	41.8	28.7	100	—	0.1	—	25	5	1074	1056	210
天津	东丽区	18.2	4.1	—	88	1.1	100	—	—	1	—	1822
	大港区	—	—	—	—	—	—	—	—	—	—	—
河北	廊坊市	26.7	13.7	0	185	10.6	97.4	87200	6600	52200	77900	19129
	平泉县	58.3	9.5	100	340	6.8	98.0	1983	673	3796	1803	1482
	武安市	39.0	15.3	89.7	260	8.8	95.0	9768	1161	51689	30462	29
	迁安市	43.5	21.5	—	166	11.0	62.5	15851	1201	43400	37300	999
	正定县	27.1	11.8	100	88	2.2	100	25100	918	2710	1824	1748
山西	长治市	30.9	13.0	70.6	242	8.4	67.6	36763	4931	113666	105868	17069
	朔州市朔城区	25.2	—	—	—	—	92.5	9966	1102	27146	38083	—
	太原市迎泽区	—	—	—	—	—	—	—	—	—	—	—
	怀仁县	28.0	12.6	—	351	2.6	96.7	1917	400	4500	2728	747
	盂县	31.2	11.2	65.8	324	6.7	80.0	2029	322	6725	4197	101
	右玉县	53.0	9.3	—	—	—	—	—	—	—	—	—
	泽州县	36.6	—	20.0	159	3.0	75.0	6829	960	24268	8166	2812
	太谷县	22.9	9.1	100	285	2.8	100	7334	737	5313	4424	782
内蒙古	鄂尔多斯市	26.5	32.7	—	302	2.2	39.1	3	0.3	21	20	9221

续表

所属省（区、市）	实验区名称	森林覆盖率（%）	主城区人均公共绿地面积（平方米/人）	地表水达到或好于Ⅲ类水体比例（%）	空气质量达到或好于二级以上天数（天）	环保投资占财政支出比重（%）	一般工业固体废物综合利用率（%）	化学需氧量排放总量（吨）	氨氮排放总量（吨）	二氧化硫排放总量（吨）	氮氧化物排放总量（吨）	废水排放总量（万吨）
内蒙古	赤峰市元宝山区	33.8	19.4	—	252	—	58.3	8571	611	25992	13606	1901
	呼和浩特市赛罕区	31.8	—	—	—	—	—	—	—	—	—	—
	赤峰市红山区	34.0	12.7	—	296	—	87.4	1180	50	22322	11085	437
	包头市	17.2	13.2	100	249	4.3	47.1	9	1	196400	13	17116
	克什克腾旗	35.2	9.7	80.0	346	20.0	95.1	3751	255	6506	951	983
	牙克石市	76.0	12.0	—	363	—	91.3	24213	1101	17275	9358	2408
辽宁	本溪市南芬区	78.4	10.0	75.0	—	—	95.0	1551	107	4143	1297	320
	沈阳市和平区	—	15.4	—	—	0.3	100	18	0	7373	2378	49
	沈阳市沈北新区	27.6	29.1	40.0	239	0.7	86.6	1501	511	2357	738	856
	沈阳市沈河区	40.5	18.8	—	207	—	100	44	5	8249	3414	122
	沈阳市铁西区	—	—	—	—	—	—	5518	833	23555	12580	8307
	大石桥市	30.6	27.7	—	107	1.3	50.0	338	9	14696	3961	698
	西丰县	60.5	10.3	90.0	350	—	100	38	2	1811	439	7
吉林	白山市	83.2	26.1	100	347	1.2	65.2	40925	3505	28766	23458	7312
	四平市	15.0	9.2	70.9	347	4.9	100	26038	3807	47623	57397	10003
	辽源市	31.7	8.2	25.0	278	3.7	88.2	26163	1914	21300	16989	5012
	九台市	15.9	6.8	20.0	341	1.8	97	125	13	2501	3787	65

续表

所属省（区、市）	实验区名称	森林覆盖率（%）	主城区人均公共绿地面积（平方米/人）	地表水达到或好于Ⅲ类水体比例（%）	空气质量达到或好于二级以上天数（天）	环保投资占财政支出比重（%）	一般工业固体废物综合利用率（%）	化学需氧量排放总量（吨）	氨氮排放总量（吨）	二氧化硫排放总量（吨）	氮氧化物排放总量（吨）	废水排放总量（万吨）
黑龙江	大庆市	12.8	70.4	50.0	319	0.5	95.8	136779	5299	39346	74443	3695
	牡丹江市阳明区	62.5	—	100	278	—	91.0	—	—	—	—	574
	海林市	79.0	13.9	93.7	321	9.3	100	740	81	519	526	500
	肇东市	8.5	12.2	—	315	5.1	100	759	92	1531	1629	517
上海	上海市徐汇区	29.0	5.8	—	351	5.1	100	94	28	8	18	313
	上海市崇明区	24.0	13.0	99.5	273	12.3	93.0	4033	80	1800	1884	2150
江苏	苏州市	14.7	—	51.9	240	8.0	93.0	16544	7141	23663	60218	18159
	常州市	—	—	—	—	—	—	—	—	—	—	—
	无锡市	—	—	—	—	—	—	—	—	—	—	—
	盐城市	—	—	—	—	—	—	—	—	—	—	—
	南京市鼓楼区	—	—	—	—	—	—	—	—	—	—	—
	南京市江宁区	—	—	—	—	—	—	—	—	—	—	—
	苏州市吴江区	—	—	—	—	—	—	—	—	—	—	—
	常熟市	15.7	19.6	76.9	244	14.0	97.6	10316	1041	33654	36164	16503
	大丰市	19.6	15.2	28.6	318	—	99.6	19805	2551	7654	3510	6001
	东海县	27.4	12.4	75.0	278	—	91.7	22990	1894	4331	2447	3922
	海门市	22.1	41.4	66.7	261	13.6	100	2427	138	5505	2450	1288
	江阴市	24.0	15.9	17.9	237	—	97.3	12215	1003	40794	65484	10342
	昆山市	—	—	—	—	—	—	—	—	—	—	—
	太仓市	17.4	13.8	57.1	240	3.9	100	1647	315	17499	17175	5710

续表

所属省（区、市）	实验区名称	森林覆盖率（%）	主城区人均公共绿地面积（平方米/人）	地表水达到或好于Ⅲ类水体比例（%）	空气质量达到或好于二级以上天数（天）	环保投资占财政支出比重（%）	一般工业固体废物综合利用率（%）	化学需氧量排放总量（吨）	氨氮排放总量（吨）	二氧化硫排放总量（吨）	氮氧化物排放总量（吨）	废水排放总量（万吨）
江苏	张家港市	15.1	14.2	70.0	239	3.2	99.4	5747	358	42987	31059	7994
	宜兴市	24.4	15.2	58.3	228	0.1	84.0	8274	1120	19762	20687	2403
	沭阳县	26.0	—	87.5	267	1.9	100	40132	3830	7836	1594	5541
	如皋市	24.9	15.6	100	251	2.3	54.0	6815	2698	10271	4466	3278
浙江	绍兴市	54.0	12.6	60.0	290	—	92.2	74033	7943	607140	51071	49127
	东阳市横店镇	45.6	14.0	—	323	—	100	399	18	1243	639	—
	宁波市邱隘镇	10.6	13.5	92.0	302	—	—	—	—	—	—	—
	绍兴市杨汛桥镇	44.3	25.9	58.0	331	1.8	89.0	—	—	—	—	486
	湖州市南浔区	0.3	13.1	78.3	212	3.5	96.0	10074	1060	6694	4091	3471
	杭州市上城区	—	7.7	—	249	—	100	—	—	—	—	—
	杭州市下城区	—	13.1	—	—	—	—	—	—	—	—	—
	浙江省嘉兴市南湖区	20.0	14.6	—	233	—	99.9	10772	1628	6639	2126	3490
	安吉县	71.1	14.1	83.6	301	7.9	95.0	4760	691	3290	3179	2058
	宁海县	62.0	13.3	64.7	323	66.1	99.0	4913	975	14683	27897	3182
	遂昌县	83.1	12.4	100	323	—	86.3	3869	338	2257	1267	2063
	嘉兴市桐乡市	24.9	—	—	296	—	78.4	—	—	7746	—	3853
	温岭市	31.0	13.6	23.1	334	6.1	100	114	5.5	42	11	—
	嘉善县	37.9	35.8	28.6	275	13.8	99.7	7904	1365	4504	3698	1963

续表

所属省（区、市）	实验区名称	森林覆盖率（%）	主城区人均公共绿地面积（平方米/人）	地表水达到或好于Ⅲ类水体比例（%）	空气质量达到或好于二级以上天数（天）	环保投资占财政支出比重（%）	一般工业固体废物综合利用率（%）	化学需氧量排放总量（吨）	氨氮排放总量（吨）	二氧化硫排放总量（吨）	氮氧化物排放总量（吨）	废水排放总量（万吨）
安徽	铜陵市	32.2	—	100	287	1.2	90.6	14489	1447	28029	37766	10310
	合肥市包河区	24.7	14.2	—	255	2.0	100	44	4	9	17	147
	淮北市烈山区	33.7	15.8	—	—	—	—	3926	526	11712	14957	2544
	安徽省淮南市毛集实验区	32.4	17.1	62.8	332	4.2	96.0	—	—	—	—	130
	歙县	83.0	26.5	100	287	7.1	100	6309	765	2438	305	1239
福建	龙岩市	77.9	12.4	84.3	360	3.3	99.4	58300	7400	32600	40300	15000
	南平市	76.5	13.2	97.5	341	12.5	50.1	59227	6726	23005	14275	14718
	厦门市思明区	29.1	13.5	—	360	6.6	85.9	3193	1251	0	13	7531
	将乐县	80.0	14.9	—	—	—	99.1	—	—	2326	2217	325
	东山县	27.0	—	—	362	—	—	—	—	—	—	1203.66
	惠安县	27.9	13.1	81.8	363	4.2	94.1	8037	1131	7968	3450	4885
	漳平市	78.1	42.3	100	365	—	49.8	297	24	5516	6284	587
江西	赣州市章贡区	60.5	—	98.4	90	—	93.5	11686	1267	9039	1596	4859
	婺源县	83.5	16.1	100	365	1.7	100	3356	366	893	132	603
	贵溪市	63.8	17.6	98.2	341	—	89.0	8635	998	16810	9787	3675
	井冈山市	86.0	142.3	100	365	—	91.0	—	—	—	—	—
	泰和县	63.0	—	100	346	2.1	96.6	8404	932	2240	1677	—
	崇义县	88.3	13.9	100	—	—	73.5	2799	521	630	110	100
	资溪县	87.3	50.6	100	358	3.7	99.1	875	126	1057	57	538

续表

所属省（区、市）	实验区名称	森林覆盖率（%）	主城区人均公共绿地面积（平方米/人）	地表水达到或好于Ⅲ类水体比例（%）	空气质量达到或好于二级以上天数（天）	环保投资占财政支出比重（%）	一般工业固体废物综合利用率（%）	化学需氧量排放总量（吨）	氨氮排放总量（吨）	二氧化硫排放总量（吨）	氮氧化物排放总量（吨）	废水排放总量（万吨）
江苏	鹰潭市龙虎山风景区	68.4	20.0	100	365	—	100	—	—	—	—	12
山东	东营市	38.8	38.7	—	—	—	—	—	—	—	—	—
	黄河三角洲	—	—	—	—	—	—	—	—	—	—	—
	日照市	41.0	23.3	54.5	298	—	99.0	42948	4438	58850	57261	16029
	德州市德城区	38.6	26.7	—	163	—	99.2	8	8	8	8	28
	青岛市城阳区	39.6	17.0	—	294	—	100	5110	751	6418	2530	4431
	青岛市黄岛区	46.6	—	100	271	—	—	—	—	—	—	—
	潍坊高新技术产业开发区	38.0	45.0	—	199	0.5	99.9	736	148	8285	6840	1092
	潍坊市峡山区	46.0	—	100	91.78	1.8	100	3174	268	107	51	—
	烟台市牟平区	50.6	36.4	—	340	3.7	100	2620	460	3770	2356	2012
	枣庄市山亭区	57.7	10.2	100	236	—	100	5417	550	4999	2413	1084
	长岛县	61.0	17.8	—	325	16.6	100	268	31	273	74	109
	龙口县	55.6	14.9	100	324	—	77.5	13232	1255	24429	20041	3459
	沂水县	44.2	18.9	—	65	—	100	—	—	5408	—	3901
	沂源县	57.9	23.2	—	278	—	93.5	449	—	7445	2844	723

续表

所属省（区、市）	实验区名称	森林覆盖率（%）	主城区人均公共绿地面积（平方米/人）	地表水达到或好于Ⅲ类水体比例（%）	空气质量达到或好于二级以上天数（天）	环保投资占财政支出比重（%）	一般工业固体废物综合利用率（%）	化学需氧量排放总量（吨）	氨氮排放总量（吨）	二氧化硫排放总量（吨）	氮氧化物排放总量（吨）	废水排放总量（万吨）
河南	济源市	44.4	12.3	89.3	119	2.7	99.9	1023	60	30063	31523	4775
	辉县市孟庄镇	22.4	—	100	170	22.5	100	1640	32	330	1250	—
	郑州市竹林镇	86.0	32.0	100	261	1.9	95.0	—	—	—	—	—
	濮阳市华龙区	15.9	22.5	62.7	294	1.1	100	4546	709	870	682	—
	宝丰县	24.5	95.0	95.0	236	0.0	95.0	5106	512	2206	3114	1680
	鹤壁市	32.2	14.6	95.2	237	9.4	95.1	38500	3700	44900	45300	—
	林州市	38.7	10.8	—	309	5.0	100	11729	1209	15688	5348	2534
	孟州市	38.4	7.0	62.0	273	1.3	100	6815	267	2431	2668	2315
	清丰县	25.0	10.0	—	190	0.5	68.0	7560	545	2395	1121	15120
	嵩县	65.3	12.3	—	—	—	—	—	—	—	—	—
	鄢陵县	38.7	10.4	—	334	2.0	100	6546	626	1730	781	730
	淅川县	45.3	8.9	100	360	1.4	100	3539	426	2455	898	109
	信阳市平桥区	26.0	—	—	218	—	—	6114	—	18600	—	219
湖北	襄阳市	43.2	12.6	76.0	—	—	92.2	90000	11000	37000	52000	28103
	武汉市汉阳区	38.6	10.0	—	180	0.5	100	245	7	12	77	125
	武汉市江岸区	41.5	9.5	—	201	2.4	100	56	2	159	37	38
	宜昌市点军区	60.9	18.6	81.0	245	1.2	75.0	2830	527	1894	209	1445
	长阳县	47.7	9.5	100	228	—	87.7	7143	933	2095	1261	2703
	谷城县	70.7	8.4	100	269	5.6	99.9	8428	955	1939	666	1174

续表

所属省（区、市）	实验区名称	森林覆盖率（%）	主城区人均公共绿地面积（平方米/人）	地表水达到或好于Ⅲ类水体比例（%）	空气质量达到或好于二级以上天数（天）	环保投资占财政支出比重（%）	一般工业固体废物综合利用率（%）	化学需氧量排放总量（吨）	氨氮排放总量（吨）	二氧化硫排放总量（吨）	氮氧化物排放总量（吨）	废水排放总量（万吨）
江苏	神农架林区	91.1	18.0	100	100	5.3	85.0	1087	114.6	1132	463	221
	仙桃市	11.6	9.4	38.0	244	2.8	100	31847	3150	5973	4060	4929
	宜城市	24.3	10.8	71.0	330	1.5	11.9	10914	1530	2717	3901	1939
	英山县	63.5	—	67.0	360	—	100	3143	—	720	—	—
	钟祥市	30.0	9.9	100	315	—	93.7	17452	2037.7	6211	4022	3397
	罗田县	66.8	9.8	100	282	2.1	100	5498	1015	908	1046	—
湖南	华容县	22.1	6.4	96.9	337	1.0	95.0	17058	2160	3173	1535	2051
	邵东县	38.3	10.0	96.5	272	—	76.0	14648	2087	2051	323	3625
	韶山市	51.7	12.9	100	347	—	100	1939	158	62	19	—
	湘乡市	45.5	8.9	—	317	2.3	—	16000	1900	3200	5000	3585
	永兴县	68.0	8.4	78.3	—	4.5	100	11000	1200	4000	600	740
	资兴市	74.8	11.0	100	308	—	93.8	1780	145	11343	9009	1089
	株洲市石峰区	52	—	—	—	—	94.8	1401	305	22130	8132	1074
	长沙市望城区	—	—	—	—	—	—	—	—	—	—	—
广东	东莞市清溪镇	67.9	—	—	—	4.0	—	3540	547	1389	251	123760
	顺德市容桂镇	—	—	—	—	—	—	—	—	—	—	—
	佛山市禅城区	—	9.3	60	298	—	100	0.6	0.1	0.82	0.78	427
	广州市天河区	—	—	—	—	—	—	—	—	—	—	—
	江门市新会区	—	—	—	—	—	—	—	—	—	—	—

续表

所属省（区、市）	实验区名称	森林覆盖率（%）	主城区人均公共绿地面积（平方米/人）	地表水达到或好于Ⅲ类水体比例（%）	空气质量达到或好于二级以上天数（天）	环保投资占财政支出比重（%）	一般工业固体废物综合利用率（%）	化学需氧量排放总量（吨）	氨氮排放总量（吨）	二氧化硫排放总量（吨）	氮氧化物排放总量（吨）	废水排放总量（万吨）
江苏	丰顺县	77.4	20.5	100	365	2	92.5	9506	1086	439	1430	149
	蕉岭县	—	—	—	—	—	—	—	—	—	—	—
	南雄市	66.8	11.7	100	354	—	82.0	7047	545	412	436	849
	云安县	69.3	—	—	333	—	99.3	2940	220	5080	3880	—
	东莞市	37.4	23.2	95.8	307	6.2	88.7	95723	16085	86500	127322	114086
广西	恭城县	81.1	10.3	96.1	—	6.2	25.8	2551	351	1456	2870	5187793
海南	澄迈县	57.8	13.7	100	345	1.2	90.7	10446	1102	5684	16916	—
	白沙县	—	—	—	—	—	—	—	—	—	—	—
重庆	北碚区	48.7	26.2	—	289	—	87.3	11607	1545	3681	6087	1064
	渝北区	—	—	—	—	—	—	—	—	—	—	—
	梁平县	44.0	—	—	—	—	100	13823	1244	4573	2008	1013
	万州区龙宝管委会	49.0	—	—	353	—	—	—	—	—	—	—
四川	成都市金牛区	42.6	12.6	100	214	3.5	100	10028	1274	69	4517	11068
	乐山市五通桥区	36.5	6.5	100	326	2.1	100	7254	789	6978	3593	2479
	泸州市江阳区	38.7	11.5	—	272	—	100	2900	318	730	643	—
	广安市广安区	37.6	13.0	64.0	279	—	81.0	8776	1127	3045	369	1291
	丹棱县	55.1	9.3	60.0	345	9.3	65.0	4426	377	377	5661	297
	广汉市	16.7	15.2	20.8	334	—	100	8517	941	3425	2878	4195
贵州	毕节市	48.0	5.2	82.3	343	2.9	67.8	45400	5446	142348	81028	2
	贵阳市白云区	44.1	13.3	40.0	338	—	80.0	781	24	10150	2292	584

续表

所属省（区、市）	实验区名称	森林覆盖率（%）	主城区人均公共绿地面积（平方米/人）	地表水达到或好于Ⅲ类水体比例（%）	空气质量达到或好于二级以上天数（天）	环保投资占财政支出比重（%）	一般工业固体废物综合利用率（%）	化学需氧量排放总量（吨）	氨氮排放总量（吨）	二氧化硫排放总量（吨）	氮氧化物排放总量（吨）	废水排放总量（万吨）
贵州	遵义市红花岗区	40.3	12.1	75.0	349	4.5	34.3	7231	680	8821	1957	5194
	贵阳市乌当区	52.1	10.8	100	100	1.2	99.9	4197	498	2578	221	1455
	都匀市	58.6	—	100	—	1.4	100	6100	784	4000	1400	818
	贵阳市清镇	45.3	11.6	100	356	4.6	100	1764	69	30508	17966	490
云南	临沧市	67.5	—	100	323	—	80.5	50200	2887	26700	1691	11013
	曲靖市麒麟区	43.5	9.1	100	354	—	100	1362	76	8769	8075	157
	陆良县	38.3	9.1	66.3	—	—	—	—	—	—	—	—
	永胜县	53.2	9.5	—	—	—	100	588	18	848	1478	69
陕西	榆林市			100	286	3.2	100	—	—	18	16	
	宝鸡市渭滨区	61.0	12.7	100	272	2.3	100	6334	805	4303	2268	1789
	华阴市	—	—	—	—	—	—	2794	265	14943	21105	504
西藏	林芝市	—	—	—	—	—	—	—	—	—	—	—
甘肃	天水市秦州区	25.6	8.2	87.5	271	—	94.5	4602	541	2021	4612	1494
	兰州新区	13.5	38.8	100	—	—	94.9	289	39	99	82	145
	敦煌市	6.9	10.8	100	343	—	86.0	1600	200	2400	1200	433
青海	海南州	11.9	7.6	—	—	—	39.5	—	—	—	—	—
	海西州	2.7	5.3	100	—	—	47.3	23046	2397	49336	30082	9354
宁夏	中卫市沙坡头区	—	21.2	—	—	—	97.8	26530	—	14209	7947	3366
	彭阳县	26.5	36.8	38.7	330	6.7	100	373	1	1640	273	429

续表

所属省（区、市）	实验区名称	森林覆盖率（%）	主城区人均公共绿地面积（平方米/人）	地表水达到或好于Ⅲ类水体比例（%）	空气质量达到或好于二级以上天数（天）	环保投资占财政支出比重（%）	一般工业固体废物综合利用率（%）	化学需氧量排放总量（吨）	氨氮排放总量（吨）	二氧化硫排放总量（吨）	氮氧化物排放总量（吨）	废水排放总量（万吨）
新疆	克拉玛依市	16.5	43.0	100	334	—	98.5	—	—	—	—	—
	阜康市	16.4	17.9	100	313	3.8	98.5	91	5	6300	6179	74
	库尔勒市	19.3	14.5	96.0	296	7.8	99.7	8410	761	8845	1102	5014

四、国家可持续发展实验区创新能力监测指标解释

1.研究与试验发展经费投入

指统计年度内全社会实际用于基础研究、应用研究和试验发展的经费支出额。

2.研究与试验发展人力投入

指统计年度内全社会实际从事基础研究、应用研究和试验发展的人数。

3.专利授权数

指专利局在期末对发明人的发明创造经审查合格后，依法授予发明人和设计人对发明创造享有的专有权的总数。专利包括发明专利、实用新型专利和外观设计专利三类。

4.技术市场成交额

指报告期内一个地区企业从合同成交总额中扣除需要花费的原材料、零部件、购置设备等成本费用后的剩余部分。

5.高新技术产业产值

指以高新技术为基础，从事一种或多种高新技术及其产品的研究、开发、生产和

技术服务的企业，在一定时期内生产的工业最终产品或提供工业性劳务活动的以货币形式表现的总价值量。

6.科技进步贡献率

指广义技术进步对经济增长的贡献份额，它反映在经济增长中投资、劳动和科技三大要素作用的相对关系。其基本含义是扣除了资本和劳动后科技等因素对经济增长的贡献份额。

7.互联网普及率

指6岁及以上居民使用互联网人数占6岁及以上人口总数的比例。

8.城镇登记失业率

指在报告期末城镇登记失业人数占期末城镇从业人员总数与期末实有城镇登记失业人数之和的比重。城镇登记失业率=登记的失业人数/从业的人数与登记失业人数之和。

9.亿元GDP生产安全事故死亡率

指生产安全事故死亡总人数与亿元国内生产总值（GDP）的比值。

10.万元GDP能耗

指报告期内每生产万元生产总值所消耗的能源当量。

11.万元GDP水耗

指报告期内每生产万元生产总值所消耗的水资源量。

12.居民人均可支配收入增长率

指期内居民人均可支配收入的增长率，其中人均可支配收入=（家庭总收入−交纳的所得税−个人交纳的社会保障支出−记账补贴）/家庭人口。

13.社会消费品零售额

指批发和零售业、住宿和餐饮业以及其他行业直接售给城乡居民和社会集团的消费品零售额。

14.人口平均预期寿命

指假若当前的分年龄死亡率保持不变，同一时期出生的人预期能生存的平均年数。是反映社会生活质量高低的重要指标。

15.每万人口受理案件数

某地区某一年内平均每万人发生并达到公安等司法部门规定的受理标准的刑事案件总数。

16.每千老年人口养老床位数

指辖区内每1000名60岁以上人口拥有的养老床位数。

17.基本养老保险参保率

指实际参加基本养老保险的人数占全国应参加人口总数的百分比。

18.劳动年龄人口平均受教育年限

指男子16～60周岁，女子16～55周岁人口平均的受教育年限。

19.城镇化率

指一个地区城镇常住人口占该地区常住总人口的比。

20.城乡居民人均可支配收入比

指城镇居民与农村居民人均可支配收入的比值，其中人均可支配收入=（家庭总收入-交纳的所得税-个人交纳的社会保障支出-记账补贴）/家庭人口。

21.财政人口供养比例

指党政干部（主要供职于党委、人大、政府、政法机关、政协、民主党派及群众团体等公共机构、各类事业单位人员（供职于教育、科研、卫生等诸多领域）、党政群机关和事业单位的离退长休人员占人口总数的比例。

22.国家贫困线以下人口数量

指区内按照当年国家贫困县划分标准，处于贫困县以下人口数量的综合。

23.森林覆盖率

指一个地区森林面积占土地面积的百分比，是反映一个国家或地区森林面积占有情况或森林资源丰富程度及实现绿化程度的指标。

24.主城区人均公共绿地面积

指主城区公共绿地总面积与主城区城镇常住人口的比值。

25.地表水达到或好于Ⅲ类水体比例

指区内地表水达到或高于《地表水环境质量标准》（GB3838-2002）对于Ⅲ类水质量定义的比例。

26.空气质量达到或好于二级以上天数

指本年度，区内达到或超过《环境空气质量指数（AQI）技术规定（试行）》（HJ 633-2012）规定的二级空气质量的总天数。

27.环保投资占财政支出比重

指环境污染治理投资、资源和生态保护投资、环境管理和科技投资占财政总支出的比例。其中环境污染治理投资指政府财政支出的用于环境污染治理的投资总额、资源和生态保护投资指政府财政支出的用于资源和生态保护的投资总额、环境管理和科技投资指政府财政支出的用于环境管理和科技方面的投资总额。

28.一般工业固体废物综合利用率

指报告期内企业通过回收、加工、循环、交换等方式，从固体废物中提取或者使其转化为可以利用的资源、能源和其他原材料的固体废弃物量（包括当年利用的往年工业固体废物累计储存量）与报告期内产生的固体废物量比重。

29.化学需氧量排放总量

指本年度区域内化学需氧量的排放总和。

30.氨氮排放总量

指本年度区域内氨氮的排放总和。

31.二氧化硫排放总量

指本年度区域内二氧化硫的排放总和。

32.氮氧化物排放总量

指本年度区域内氮氧化物的排放总和。

33.废水排放总量

指本年度区域内废水的排放总和。